说话高手

郑小四◎著

中华工商联合出版社

图书在版编目（CIP）数据

说话高手 / 郑小四著. —北京：中华工商联合出版社，2025.2. -- ISBN 978-7-5158-4194-6

Ⅰ. H019-49
中国国家版本馆 CIP 数据核字第 2025X7Y394 号

说话高手

作　　者：	郑小四
出 品 人：	刘　刚
图书策划：	华韵大成·陈龙海
责任编辑：	胡小英　楼燕青
装帧设计：	王玉美
责任审读：	付德华
责任印制：	陈德松
出版发行：	中华工商联合出版社有限责任公司
印　　刷：	北京君达艺彩科技发展有限公司
版　　次：	2025 年 8 月第 1 版
印　　次：	2025 年 8 月第 1 次印刷
开　　本：	710mm×1000mm　1/16
字　　数：	180 千字
印　　张：	11
书　　号：	ISBN 978-7-5158-4194-6
定　　价：	58.00 元

服务热线：010 — 58301130 — 0（前台）
销售热线：010 — 58302977（网店部）
　　　　　010 — 58302166（门店部）
　　　　　010 — 58302837（馆配部、新媒体部）
　　　　　010 — 58302813（团购部）
地址邮编：北京市西城区西环广场 A 座
　　　　　19 — 20 层，100044
http://www.chgslcbs.cn
投稿热线：010 — 58302907（总编部）
投稿邮箱：1621239583@qq.com

工商联版图书
版权所有　侵权必究

凡本社图书出现印装质量问题，请与印务部联系

联系电话：010 — 58302915

序

　　无论是在生活还是工作中，语言都是我们最有力的工具。一句恰到好处的话，能瞬间打破僵局；一句不合时宜的话，也可能会引起一场风波。因此，掌握说话的本领，成为一个说话高手，对每个人来说都很重要。

　　很多时候，没能办成事情，并非能力不够，而是你说话没技巧、水平不够。当你成为说话高手，再来办同样的事，可能就轻松搞定了。

　　说话似乎人人都会，但真正能把话说到位的人其实并不多。我们可以和自己的朋友侃侃而谈，见了陌生人却不知道该如何开口，甚至在人多的场合讲话结结巴巴，说不清楚。《说话高手》这本书就是要让大家都学会说话，成为高手，在任何情况下都能清晰地表达、愉快地沟通，从而展现语言的魅力。

　　现如今是一个多元的时代，大家说话都不一样。说话高手既不会迎合，也不会否定别人，而是会在尊重他人的基础上，友善地表达自己的观点，和别人相处融洽、交流想法。说话高手善于倾听和表达，总是能通过言语中的细节抓住别人的心，总是能通过饱含情感的话语轻松达到沟通的目的。他们说的话让人听着舒服，他们的语调让人沉醉，他们仿佛把语言变成了音乐。

　　成为说话高手，把说话从技术变成艺术，你将会在生活和工作当中收到意想不到的效果。你会发现，会说话的人在哪儿都能和人们打成一片，在哪里都能够风生水起。

说话高手

　　要学会说话，只听别人说可不行，得具体学习说话的原则、方法和技巧等。本书就是为了让大家都能学会说话的技巧、成为说话高手而专门编写的。书中的内容通俗易懂，每一节都有一个小故事，方便读者理解，还列出了重点方便记忆和掌握的技巧。本书从零开始教读者学说话的技巧，读者不需要有任何的担忧，即便是一个从来没学过说话技巧的人，也能轻松上手，成为说话高手。

　　本书分为基础篇、技术篇、说服篇、场合篇、进阶篇五个篇章。每一篇又具体分为数个章节，详细讲述了说话的重要性、基本原则、具体技巧、在不同场合该如何说话，以及如何成为一个说话高手，涵盖了生活和工作中的各个场景，非常全面。

　　本书诚意满满、干货超多。从每一个细微之处入手，让读者真正掌握说话的技巧，成为说话高手，这是我们不变的目标。相信大家一定能够从本书中学到很多，也会对书中的故事和观点印象深刻。

　　往深了说，这不仅是教说话的书，还能提升认知，实现自我价值。大家不仅能更加轻松地处理好和身边的人的关系、处理好自己的生活，还能轻松搞定客户和谈判等。

　　希望每位读者都能从本书中找到适合自己的内容，学到有用的知识，变得更加积极，充满正能量，这就是我们编写这本书得到的最大收获。

　　最后，希望大家能够在阅读本书时感受到我们的满腔热情，读完就能拥有说话高手的思维，成为一个真正会说话的高手！

基础篇　说话就是一种艺术

第一章　说话这门艺术，值得好好学

虽然我们每天都在讲话，但并非每个人都善于说话。会说话的人说出来的话大家都爱听，因为他们把说话变成了一种艺术。

004　　语言的力量是无穷的
005　　把话说好，一切水到渠成
007　　用各种修辞手法，让说话成为艺术
008　　说话风趣幽默，创造超强吸引力
009　　真情实感的话语最有感染力
011　　参与感让人如沐春风
012　　说话高手是用整个人在说话

第二章　想把话说好，就要遵守基本原则

我们想要把事情做好，就要遵守做事的规则。说话之道也是如此。如果想要把话说得引人入胜、扣人心弦，那么我们也应该遵守说话的基本原则。

说话高手

016　明白说话的本质，才能把话说好
017　说话不能肆意随性，只顾着自己痛快
019　清晰的逻辑是精准表达的关键
020　简单直接的话往往更受欢迎
021　话题聚焦他人，话语深入人心
022　诚实的话语有打动人心的力量
024　尊重别人才能赢得别人的尊重
025　不说不知道的事
026　尽量不要否定别人

技术篇　说话就是一种技术活

 了解和倾听是把话讲好的前提

　　说话是为了沟通，我们需要了解对方，知道对方的需求，才能把话说到对方的心里去。因此，了解和倾听是把话说好的前提，也是说话高手极为重视的内容。

032　了解对方的信息，说话才能有的放矢
033　分析对方的需求，你的话就可以戳中痛点
034　聆听对方的话语，真正理解对方的心意
035　鼓励对方分享，通过他的故事或观点了解他
037　观察对方的表现，动作不会骗人
038　赢得对方的信任，一切就会变得简单起来

第四章　观察入微，才能提高说话的情商

　　在人际交往中，人们都希望自己拥有高情商。然而，高情商并不是与生俱来的，而是源自对细节的高度关注和细致入微的观察。当我们能够凭借对细节的精准把控，敏锐地觉察他人的情绪，洞悉他人的想法时，我们说话时自然就会彰显出高情商。

042　一个微小的表情，就能知道对方在想什么
043　一句不经意的话语，能读懂对方的真实感受
044　办公环境能透露出很多信息
045　当对方提问时，应进行深入交流
046　读懂对方的尴尬，不要一个话题说到底
047　灵活应变，总能把话说到对方心坎里

第五章　高手说话总是感情充沛，态度分明

一个感情充沛的人在说话时，他的感情能通过话语和表情展现出来，并能影响到他人。说话高手一般都感情充沛，他们会用激情打动人，让人愿意认同并接受他们的观点。

050　无论何时都要保持正能量
051　鼓励别人积极应对困难，不说丧气话
052　充分照顾别人的感受，把握好说话的分寸
053　真诚互动，让彼此敞开心扉
055　该表态的时候要表态，力挺他人

说服篇　高手说话，意在说服他人

第六章　说话高手能将观念在不经意间植入对方心里

当我们的劝说意图太过明显时，对方就会本能地产生抗拒心理。相反，若能在不经意间引导对方接受新的想法，就能避开对方的心理防线，从而使其更容易被我们影响。真正的说话高手，就是能潜移默化地影响别人，将观念在不经意间植入对方心里。

060　不经意间透露的信息，能进入人的潜意识

061	提出一些困难，让对方改变观念
062	为什么不大胆尝试，或许那样可行
063	用潜在的需求刺激对方的痛点
064	找到合理的理由去做事
065	把选择权交给对方

第七章　说话是一种心理博弈，高手能够做到战无不胜

说话就像下棋，每个人的话语都是在落子。高手说话，能够通过心理的博弈，战胜对方，让对方转变观念，跟着自己的思路走。而要成为战无不胜的说话高手，就要学习一些方法。

068	高手说话往往懂得后发制人
069	沉着冷静方能战胜对手
070	天塌不惊的心态助你成功
071	人心善变，灵活应对才能始终常胜
072	一针见血，不被假象迷惑

第八章　真正有效的说话是为了达到目的

说话并不是单纯为了客套，大多数时候是带有一定的目的的。可以说，真正有效的说话是为了达到目的。我们在说话的时候一定要牢记我们的目的，而不要在话题中迷失方向。

076	说话应追求达到目的
076	多说积极正面的话，才能起作用
078	说话高手会用故事打动人心
079	让对方知道你是专业的
080	用身体语言增强感染力

目录

第九章 把否定变成肯定，在不可能中创造可能

在交流的过程中，被人否定是很有可能会遇到的事。如果被人否定了，你是心灰意冷，还是想办法将否定变成肯定，在不可能中创造可能呢？说话高手通常会选择后者。

084　破除对方的成见，就能改变他们的观点
085　积极行动起来，打破"不可能"的想法
086　每一个有素养的言行，都有可能改变结局
087　每一个表达的机会，都要想好措辞
089　言简意赅，尽快展示自己

场合篇　说话一定要注意场合

第十章 在不同场合要用不同的说话方式

当场合不同时，我们说话的方式也要有所不同。能够在不同的场合选择不同的说话方式，在任何场合都能应对自如，达到良好的交流效果，这才能称得上是说话高手。

094　在公共场合说话时要深思熟虑、全面周到
095　在饭局上说话时既要活泼又要有分寸
096　在媒体上发言时要注意避免不良影响

第十一章 面试时说话的技巧

在面试的时候，很多人会比较紧张。其实，如果你有足够多的说话技巧，你就不必太过紧张，因为你有很大的概率通过面试。

100 准备充分，让人知道你是专业的
101 回答简单明了，不要绕弯子
102 积极自信很重要
103 彰显个性，用独特的回答赢得青睐
104 面对特殊问题，要冷静应对

 第十二章　与同事的说话之道

身在职场，与同事的沟通交流必不可少。而那些说话高手总是能够和自己的同事打成一片，和同事成为最亲密的朋友和得力伙伴。只要你掌握并运用好与同事的说话之道，你也能在职场关系的舞台上表现得更好。

108 保持平等交流，不要妄自尊大
109 把同事当成好朋友
110 将工作放在第一位
111 避免冲突，保持冷静
112 不八卦同事的隐私

第十三章　上下级之间的说话技巧

上下级之间因为职位存在差异，所以交流起来可能会存在一些困难。不过，在掌握了上下级之间说话的技巧之后，你就可以轻松应对，让上下级之间的交流也像和朋友说话那样容易。

116 和上级说话要准备充分
117 对上级不害怕，但要始终保持尊重
118 态度端正，认真对待上级的话
119 和下属讲话要温和，不摆架子
121 多和下属沟通，用温暖打动人心

第十四章　和客户说话的技巧

人们在和客户说话的时候，一般都会比较小心，生怕一句话说错了，得罪了客户。其实，只要掌握了和客户说话的技巧，就不用那么小心翼翼，还能轻松拿下客户。

124　对客户说话要周到且有礼貌
125　表现专业，解决客户的担忧
126　处理冲突要迅速，保持语言的温和
127　对客户的情况及时给予反馈
128　提出合理建议，给客户创造新的需求

第十五章　谈判中的说话技巧

谈判有时候就像辩论会，双方可能你来我往、唇枪舌剑。说话高手往往能够在谈判桌上挥洒自如，凭借准备充足的技巧战胜对手，轻松拿下谈判。

132　事前准备充足，充分了解对方
133　打破常规思维，方能出奇制胜
134　适当让步，双赢是最好的局面
135　合理坚持，才能拿到想要的结果
137　打破僵局，就能把谈判拿下

第十六章　生活中的说话技巧

会说话的人在生活中总是能左右逢源，他们能处理好和亲朋好友的关系，每一次讲话都让人欣然聆听。在生活中的说话技巧有它的独特之处，我们需要好好学一学。

说话高手

140　和朋友说话，轻松中带着尊重
141　和爱人说话，互相坦诚，无所不谈
142　和父母说话，要多听、多理解
144　和孩子说话，不要啰唆，只提关键性建议

进阶篇　只要努力，你也能成为说话高手

 说话的进阶技巧，成为高手中的高手

学会基础的说话技巧，能让你说得流利；掌握进阶技巧，你才能成为说话高手；把进阶技巧练到精湛，你就是高手中的高手。

150　听懂别人的弦外之音，及时调整自己的语言
151　巧妙提问，掌握别人心中真实的想法
152　和不同的人说不同的话，说别人愿意听的话
154　拿自己开玩笑，应对一切突发状况

 说话高手要不断提升自己的素养

我们心中想的是什么，我们口中就会说出什么。因此，想要让自己在说话高手的路上走得更远，我们就要不断提升自己的素养，一直努力向上，永无止境地向上攀登。

158　多读书，让你开口就显得与众不同
159　了解各行各业的新闻，让你的话题永远新鲜
160　多听优秀的人说话，你的口才将会变得更好
162　用高情商提升眼力，说话会更有效
163　形成自己的风格，让你的话独具魅力

基础篇

说话就是一种艺术

说话这门艺术，
值得好好学

虽然我们每天都在讲话，但并非每个人都善于说话。会说话的人说出来的话大家都爱听，因为他们把说话变成了一种艺术。

语言的力量是无穷的

一句话可以让人笑,一句话也可以让人恼;一句话可以给人力量,一句话也可以让人沮丧。语言的力量是无穷的,我们永远不要小看它。因此,会说话的人在说话的时候都会很慎重,不随便说话,只说有分量的话。

丘吉尔是一个话不多的人,但是他的言辞却极具力量,令人无法小觑。在战争的艰难岁月里,很多人对生活失去了希望,也对国家的前途感到迷茫之际,丘吉尔做了一场演讲。他的演讲内容概括起来只有一句话:"坚持到底,永不放弃。"他不断重复着这句话,仿佛要把这句话刻进每个人的脑海里。这次演讲,极大地鼓舞了民众的士气,全国上下团结一心,终于取得了反法西斯战争的胜利。

语言的力量是无穷的,特别是在一些特殊的时刻。要知道,良言一句三冬暖,恶语伤人六月寒。

1. 一句话可以胜过千言万语

有分量的话有时候不需要太多,丘吉尔只用一句"坚持到底,永不放弃"就鼓舞了全国人民的士气。只要你的话有力量,一句话顶一万句。

2. 在关键时刻敢于站出来

你的话有没有分量,往往在于关键的时刻你敢不敢站出来说话。在没人敢说话的时候,你的一句话就可能起到扭转乾坤的作用。实际上,很多伟大的人都是在关键的时刻站出来说了一句正确的话。

3. 一句话可以成就别人的一生

当一个人身处困境的时候,你的一句鼓励会像阳光一样温暖他的心灵。有一些人在受到鼓励之后,会爆发出无穷的潜力。所以,我们要多说鼓励的话,用我们的话对别人产生正向的力量,可能在不经意间,我们会成就别人的一生。

4. 一句话能改善整个局面

当情况陷入僵局的时候,一句话就有可能改变整个局面。比如在谈判当中,眼看谈判就要陷入僵局了，如果有人跳出来说："到饭点了，咱们先吃饭，吃完才有力气再继续谈！"这样就不会让局面僵住。

《生命的重建》这本书中有一句话是这样说的："美好的语言塑造美好的生命，负面的语言塑造失败的生命。"由此可见，语言的力量是强大的。它能改变世界，影响人们的命运和未来。所以，我们要多说好话、多说正能量的话。

把话说好，一切水到渠成

当一个人办一件事的时候，这件事难办与否可能就是由这个人是否会说话来决定的。不要觉得诧异，会说话与不会说话的差距有时候就是这么大。如果你不会说话，你将处处被抵触；如果你把话说好了，那么一切就会水到渠成，非常容易。

王强是某公司谈判团队中的核心人员。他很会说话，别人搞不定的谈判，只要他出马，一般都能成。

一次，公司为了将新产品迅速推向市场，决定找几个合作伙伴。公司虽然有名气，但在这个产品领域没有多少经验，所以不少合作者对此不太看好。为了顺利拉来合作伙伴，公司派王强和他们谈。

谈判现场，大部分人对他们的产品不怎么在意。对此，王强一点也不生气，而是淡定地说："尊敬的各位朋友，感谢大家在百忙之中抽时间来给我们的新产品捧场！我知道大家对它不太了解，可能也不太看好。但是，希望大家能听我讲讲，再做决定。"然后，他开始详细介绍起了新产品的特点与优势。最后，他诚恳地说："我们的产品质量绝对没问题，甚至比市面上大部分产品还好，这一点我可以打包票！希望能和大家合作，一起在这个领域做出成绩！"

大家听着王强对产品亮点的介绍，渐渐对这款新产品有了信心，也感受到他的真诚。作为一家大公司的代表，王强把姿态放得很低，

说话高手

他的这种修养也赢得了大家的好感。最终,不少人表示愿意与他合作。

寻找合作伙伴并不是一件容易的事。彼此陌生的公司或个人,要从不了解到了解,从不相干到合作,需要一个过程。说话时,要像例子中的王强那样,将姿态放低,给别人充分的尊重,向大家充分展示自己,并给人理解的时间。把话说好了,事也就容易办成了。

1. 一开口就表现出礼貌和尊重

一开口就表现出礼貌和尊重,对方就会对你产生一个好的印象,接下来才能够有深入交流。例子中的王强虽然是一家大公司的人,却十分尊重别人,先感谢大家能来捧场,让大家都很受用。这样,一开口先给大家带来好的印象,接下来的谈话就容易展开了。

2. 耐心讲述,不急不躁

在向他人讲述一件事时,我们要有足够的耐心。别人可能对我们不认可,也可能对我们不理解,但我们不能急。例子中的王强并没有因为大家不看好他们的产品就生气或着急,而是详细耐心地介绍新产品,给大家理解的时间。最终,他消除了大家对新产品的误解,也将合作谈成了。

3. 目的清晰才能达成目的

你需要表达清楚你的想法和目的,才能让对方明白,然后达到自己的目的。否则,即便对方认可了你这个人,你的目的也不一定能达成。例子中的王强最后表示要和大家合作,一起发展壮大,这才是他的最终目的。既然前面已经将产品介绍清楚,也是时候将目的说明,并等待大家的答复了。

我们要把话说好,一开口就要表达出对别人的尊重,第一句话应该客气有礼。在给人留下好印象之后,耐心地讲述我们要传达的内容,即便别人对我们有误解也不要急躁,最终说出我们想要达到的目的。这样,别人就能清楚了解我们所说的事,知道我们的目的,并且对我们的印象也会比较好,事情自然就更容易成了。

用各种修辞手法，让说话成为艺术

说话高手所讲的话一般会比较有趣且易于理解，能让听的人瞬间领会其意图，甚至产生身临其境的感觉。他们不会平铺直叙，因为那样会使话语变得枯燥乏味，晦涩难懂。相反，他们会使用各类修辞手法，令话语如艺术般动人心弦，令人着迷。

爱因斯坦是一位非常优秀的科学家，不但在科学方面有很高的成就，还很会说话。在一次聚会上，一位年轻的女士向爱因斯坦询问关于相对论的问题。她问爱因斯坦："听说您的相对论比较深奥，很难理解，您能跟我说一说它讲了什么吗？"爱因斯坦说："相对论其实不难理解，它说的是我们所处的时间和空间都是相对的，就这么简单。试想一下，如果有人和像您一样的美女聊天，那他一定会感觉时间过得非常快；但如果有人坐在火炉上，那他肯定会觉得时间过得非常慢，甚至可以说是度日如年。"爱因斯坦巧妙运用类比的修辞手法，一下子将复杂的相对论解释得通俗易懂了。

如果你讲话总是让人感觉晦涩难懂，那么你就应该自我反思一下了。说话高手总能以寥寥数语传达出丰富的内涵且通俗易懂，其诀窍就在于他们擅长使用修辞手法。

1. 类比让人一目了然

把别人不了解的事物，类比成他们了解的事物，不用你说太多，他们就明白了。

2. 比喻让语言感染力十足

比喻能使语言的感染力大幅提升，让表达更加生动形象，使听众仿佛身临其境，还能瞬间吸引人们的注意力并引发情感的共鸣。

3. 夸张让人印象深刻

善用夸张手法的人，讲话时总能震撼人心，甚至让人印象深刻，经久不忘。

比如，贺知章在长安遇到李白，就叫他"谪仙人"，这是把李白捧上天了。称赞李白的人可能有很多，但这种夸张的赞扬让李白一辈子也忘不掉，还特意写进了自己的诗里。

4. 排比产生强大的气势

排比的句式有非常强大的力量，会让人产生一种排山倒海的感觉，气势非常强。马丁·路德·金就在他的演讲《我有一个梦想》当中，用排比句重复"我有一个梦想"，使他的演讲具有非常强的感染力。

说话高手一般都是很善于使用修辞手法的，这能让他们的话更容易被别人理解，也使他们的话更生动且更具感染力。善用修辞手法，说话就会成为一种艺术。

说话风趣幽默，创造超强吸引力

说话风趣幽默的人，仿佛自带强力磁场，时刻散发着超强吸引力。试想，如果你和一个说话无趣的人交谈，那么你肯定会感觉很乏味，恨不得立马脱身。而如果你和一个说话风趣幽默的人交谈，那么你会沉醉其中，甚至觉得时间过得太快了。

> 马克·吐温是一个非常风趣幽默的人。很多和他交谈过的人，都会被他风趣幽默的语言深深吸引，也被他的个人魅力折服。
> 有一年愚人节，有一家报纸刊登了马克·吐温去世的消息，但马克·吐温还活得好好的，这当然是一则假消息。当很多人到马克·吐温家吊唁时，他却风趣地说："大家不用惊慌，报纸上刊登的内容都是真的，只不过日期提前了一些而已。"大家都被他的话逗乐了，尴尬的气氛一扫而空。

幽默的人一般都比较宽容，似乎对任何事情都能幽默一下，让人在和他们的相处中没有压力。也正因如此，幽默的人总能给人带来亲切感，产生超强的亲和力和吸引力。

1. 幽默能化解尴尬，自然吸引人

幽默的人总是能在与人相处时用幽默轻松化解尴尬，缓解紧张的气氛，使沟通变得无比轻松。这种轻松感非常吸引人。因此，幽默的人通常人缘很好，他们的魅力吸引着别人与他们交好。马克·吐温正是这样的人，他连被别人说去世了都能用幽默的语言一笑了之，轻松化解尴尬。所以，大家不但愿意和他交流，还很敬佩他。

2. 幽默能展现智慧，这种智慧有强大的吸引力

人们通常很愿意和有智慧的人沟通，因为和他们沟通如饮美酒般令人陶醉。幽默的人总是很有智慧，他们会用智慧的双眼发现那些别人发现不了的幽默，并通过语言将其展现在别人眼前。人们对幽默没有抵抗力，其实也是对幽默中展现出的智慧没有抵抗力。

3. 幽默的人内心健康富足，用积极向上的力量产生强大吸引力

当一个人总是积极向上、充满阳光，人们就会很愿意接近他。幽默的人内心健康富足，总是充满阳光，用他幽默的话语感染身边的人，帮人们缓解工作和生活的压力。在幽默的人的感染下，每个人都能收获快乐。这种积极向上的力量，对人们有很强的吸引力。

幽默就像是一束花，会说话的人把它递给别人，手中还留有余香。幽默的话语除了能化解尴尬，还能展现出智慧，能减轻人们心中的压力，给人们带来欢乐，这正是它有强大吸引力的原因。

真情实感的话语最有感染力

当你的话没有感染力的时候，应该思考一下，你是不是表达了自己真实的情感。真情实感的话语总是具有天然的感染力，因为很多时候人是可以共情的。

迈克尔·乔丹是一位非常了不起的篮球运动员，他不仅能力出众，而且很能团结团队。有一次，他在一场篮球比赛中出现了失误，有

一个关键的球没能投中，导致输掉了这场比赛。有些能力比较强的运动员在比赛失败时会责怪队友表现不好，凡事都要靠他来撑场面，但乔丹作为篮球运动员中的巨星却没有责怪队友。他知道这次的失败责任在自己，和队友没有太大关系。他十分诚恳地向大家道歉，不但向他的球迷道歉，还向自己的队友道歉。他将责任全都揽到自己身上，并保证今后一定会加紧训练，在以后的比赛中表现得更好。

乔丹饱含真情的话语打动了所有球迷，也打动了他的队友们。队友们纷纷表示球队不能只依靠乔丹，他们也要变得更强大，这样整个团队才能变得更强。

乔丹用真情实感的话语感染了球迷和队友，凝聚了人心。输掉这次比赛，非但没让他的团队产生矛盾，反而让团队变得更加团结。实际上，在乔丹的整个篮球运动员生涯中，他一直深受球迷和队友们的信赖，很大一部分原因是，他从不说假话也不推卸责任，他总是用真情实感的话一次次感染和鼓舞着身边的人。

能够感染人的话语并不一定有很多技巧，像乔丹那样，把内心最具真情实感的声音吐露出来，往往就能感染到他。

1. 内心真实感受激发他人同理心，增强感染力

真情实感的话语是人们内心真实感受的外化，它能激发他人的同理心，使他人有感同身受的感觉。当我们讲述自己真实经历过的艰难和挫折，别人也会想到他们所经历过的艰难和挫折。所以，当乔丹说责任在自己时，所有队员会想他们其实也有责任。但如果乔丹将责任推给队友，则队友有可能会想"难道你就没有责任吗？"。当我们说出内心真实的感受时，自然能引起他人的共鸣。

2. 真情实感的话语往往十分生动，使人身临其境

普通人的语言表达能力并不会特别强，如果去描述一些虚假的事情或情感，难免会有些漏洞，显得不真实。真情实感的话语讲述的是我们经历的事情、内心的情感，它非常真实，能带给人身临其境的感觉，所以更容易感染别人。

你的语言表达能力或许不是很强，但真情实感的话语永远可以作为你的撒手锏。如果你总是能对别人说出真情实感的话语，或许你也能像乔丹那样感染和鼓舞身边的人。

参与感让人如沐春风

参与感很重要，它能让人在交流中感受到自己的价值，让人在交谈中如沐春风。说话高手很会营造参与感，让每个人都能参与其中，而不是他一个人的"单口相声"。

郑经理是一个非常会说话的人，他和员工的关系非常好。在工作不太忙的时候，郑经理喜欢将员工叫到办公室，让他们谈一谈最近工作的状态，说一说对工作任务的安排、公司的发展等的看法。郑经理会将公司接下来一段时间的发展计划告诉员工，然后询问员工未来的成长计划。

在和员工交谈的过程中，郑经理并不像一般的领导那样一直在做指示，而是认真地和员工交谈。他不但会说公司的一些发展规划，也会询问员工的状况和想法，让员工有参与感。员工和他谈得很投机，而他也能充分了解每个员工的工作情况和成长愿景，能更好地带领他们、帮助他们成长。正因如此，郑经理所带领的员工团队工作能力一直在公司中名列前茅。

当领导和员工打成一片时，员工们更愿意跟随领导努力打拼。郑经理和手下的每个员工都相谈甚欢，也对每个员工都非常了解。因此，他们这支团队拼劲十足，战斗力也十足，工作能力也很强悍。

1. 沟通中的参与感能让人愿意敞开心扉

沟通不是一个人的独角戏，如果总是一个人在说，另一个在听，这样的沟通效果不会太好。郑经理让员工积极说出自己的情况和想法，让员工能和他敞开心扉畅谈工作的现状和愿景，所以他总是能充分了解员工，也使员工十分信赖他。

2. 沟通中的参与感能让人同频共振

我们与人沟通，一般是要和别人达成一些一致的意见。如果我们在沟通中让别人有参与感，我们就能打开对方的话匣子，知道彼此内心的想法，最终产生同频共振。合作或带领团队都要找到同频的点，因此参与感在沟通的过程中不可或缺。

3. 沟通中的参与感能激发人的积极性

郑经理通过和员工互动，让员工有了强烈的参与感，员工的积极性也就被调动起来了。我们在沟通中要用参与感去激发别人的积极性，这种积极性是自发的，比煽情的话语更有效，更能持续下去。

在沟通中的参与感，是让别人说话，听听别人的心声。无论我们职位高低，都不妨将别人放在更高的位置上，自己适当退后。让对方成为主角，我们成为听众，经常做这样的角色互换，让彼此都参与到沟通中来，这样的对话会使人如沐春风。

说话高手是用整个人在说话

不会说话的人只会用嘴说话，说话高手则会用整个人说话。他们的眉毛会说话，眼睛会说话，肢体动作也会说话。当一个人用整个人在说话时，他的感染力一定是非常强的，比单纯的语言表达感染力要强得多。

有一位著名的女主持人在讲话时很擅长使用肢体语言，这使得她仿佛整个人都在讲话一般，有很强的感染力。平时在和人讲话时，她会用眼神及面部表情来配合她的语言，让人感觉她总是对你说的话饱含着兴趣和热情。她的身姿曼妙，肢体动作也落落大方，能进一步彰显她说话的魅力，吸引着对方的眼球。

有人回忆说："她仿佛是一位优雅的天使，她的眼神会说话，她的表情会说话，她的整个身体仿佛都会说话。和她交流是一种享受，让人会忘记时间的流逝。"

如果你只是用嘴来说话，那么你肯定不如用整个人说话的高手更具影响力。例子中的女主持人总是用她的整个人来说话，所以和她的沟通总是让人心驰神往，让人享受其中。

1. 眼睛能让你的信息直抵灵魂

眼睛是心灵的窗户。当眼睛对视的时候，信息可以直抵灵魂。清澈的眼神让人感到直率与善良，坚定的眼神让人感到无比坚定的信念，左顾右盼则让人感觉你很慌乱，躲闪的眼神让人无法信任。所以，你一定要管理好自己的眼神，让眼神来替你说话。

2. 表情让你的语言更生动

表情应该配合你的语言，即便别人没有听清你在说什么，也能从你的表情中得到答案。一个人的语言是否生动，和表情是否和语言匹配有关。让表情成为你语言的延伸，用表情来传递情感。

3. 肢体动作是强烈的表达

当一个人表达强烈情感的时候，会振臂高呼，会拍手叫好，会扼腕叹息，会拍手顿足，会暴跳如雷，会拂袖而去。每一个肢体动作，都能让人的情绪得到极致地表达，也更具感染力。

一个说话高手的身体几乎没有不能说话的部分，他们会用全身心来表达，这样的表达感染力是非常强的，所以他们总能在瞬间打动别人。

第二章

想把话说好，就要遵守基本原则

我们想要把事情做好，就要遵守做事的规则。说话之道也是如此。如果想要把话说得引人入胜、扣人心弦，那么我们也应该遵守说话的基本原则。

明白说话的本质，才能把话说好

想要把事情做好，就要抓住事情的本质；想要把话说好，就要明白说话的本质。我们说话的本质是为了解决问题，特别是帮助别人解决问题。因此，不会说话的人在说话时总是以自我为中心，而会说话的人则是以别人为中心。

一天早上，在某公司门口有一位外来人员和保安起了争执。保安表示公司规定，没有工作证一律禁止进入，但对方却说他是公司董事长请来的客人。保安见他穿着十分朴素，根本就不相信，说："没有工作证谁都不能进，就算是董事长来了，不带工作证也进不了这个门。再说了，如果每个人都像您这样，说是董事长请来的客人，难道都放进去吗？"保安的态度让对方感到很生气："不信你就给你们董事长打电话问一问！"

这时，公司的一位部门经理见他们争吵，便走了过来。在了解完情况后，部门经理说："我不认识您，也没听说今天董事长邀请了客人。公司确实规定没有工作证不让进，我们也不方便给董事长打电话。不如这样，您先在门卫室坐一会儿，喝杯茶，等董事长来了再请您进去。"对方听部门经理这么说，也缓和了一下情绪，随部门经理到了门卫室。

过了没多久，董事长果然来了。见客人坐在门卫室里，他为自己没能提前安排好人接待表示了歉意，并邀请客人进了公司。

例子中的保安只考虑到了规矩，没考虑到如何把问题解决掉，即便说了很多道理，最后还是闹僵了。部门经理之所以一开口就把问题解决了，是因为他能以对方为中心，真正想到该如何解决问题。说话高手知道说话的本质是为了解决问题，所以总能把话说好，他的一句话能顶别人十句。

1. 谁解决了问题，谁就抓住了人心

我们讲话通常都有一定的目的，或是为了传递一些有价值的信息，或是为

了解决某种问题……在讲话的时候,谁能够快速解决问题,说出有效的话语,谁就能抓住对方的心。

2. 以对方为中心,对方更愿意听你讲话

讲话要以对方为中心,看看对方有什么需求。我们要把自己当成一个服务人员,帮助对方解决问题。没人会反对别人给自己提供帮助。当你说话是为了给他们解决问题时,他们自然会愿意听你讲话。

3. 切实解决问题,而不只是会说话

在日常生活中,有些人很会讲话,口口声声说能帮别人解决问题,然而一旦付诸行动,却远不及言语那般漂亮。这种行为不可取。我们要的是真正解决问题,而不是花言巧语,敷衍塞责。

我们要明白,说话的本质是为了解决问题,要让自己的话对对方有价值。只有这样,我们的话对方才愿意听,我们也真正能够让语言发挥效用,最终达成彼此交流的目的,构建起稳固且高效的沟通桥梁。

说话不能肆意随性,只顾着自己痛快

在说话的时候,千万不可以乱说,不能只顾着自己痛快,说出一些伤害他人的话。绝不能以所谓的心直口快当作肆意伤人的挡箭牌,频频出口伤人。俗话说:"说者无心,听者有意。"我们不经意间说出的话,极有可能会伤害到他人。所以,我们在开口说话之前必须慎之又慎,力求使自己的话圆润温和,而没有伤人的"棱角"。

小李的团队接到了一项艰难的任务,整个团队辛辛苦苦工作了一周的时间,却没有任何进展。在一次公司的例会上,小李开始抱怨这份工作太难了,不应该交给他们团队来做,团队成员的能力根本无法胜任这项工作。

小李说得很痛快,但是其他团队成员却听得很不是滋味。很快,就有一个成员表示,小李说得对,正好他们也不想干了。经理知道小李刚才的话得罪了大家,为了不让场面闹僵,表示再给他们团队增派

说话高手

几名优秀的员工，大家一起将工作做好，不能半途而废。在经理的调解下，小李的团队这才没有闹出大矛盾，最终完成了任务，而且每个人的能力也都有不小的提升。

我们想要将话说好，就不能只顾着自己痛快，要考虑到这句话说出来之后，别人会怎么想，会不会对别人带来伤害。实际上，那些会说话的人，总是能考虑到周围的环境、周围的人，把话说得妥当，不会伤害到他人。

1. 心直但不可口快，要三思而后说

我们可以心直，这很好，但是不能口快。话到了嘴边，要先想一想这话妥不妥当，能不能说。不少年轻人往往心直口快，说话不注意影响。但是，真正会说话的人，说话总是比较慢，会给自己留足时间思考，所以说出来的话总是很妥当。

2. 能达到效果的话才有效，只顾着痛快没有用

我们说话是为了达到一定的效果。只顾着痛快，说出的话别人不愿意听甚至反感，那就达不到说话的效果。就像例子中的小李说得很痛快，但无法对完成任务起到任何正面的作用，所以是无效的说话。而经理用妥帖的话语调解矛盾，并让大家顺利完成了任务，他的话才是真正有效的。

3. 站在更高的角度来说话，说出的话更有效

例子中的小李完全是站在自己的角度来说话，如任务太难了、完不成，所以他的话让人一听就感觉是出于"私心"，这样的话就不容易产生好的效果。经理是站在整个团队的角度来说话，如不应该让任务半途而废，这话是出于公心，这样的话更容易被人接受，也更有效。

我们在说话的时候不要只顾着自己痛快，也不要只站在自己的角度去说话，要多考虑别人的感受，多站在更高的角度去看待问题和说话，我们的话就更容易被人接受，也更加有效。

清晰的逻辑是精准表达的关键

清晰的逻辑是精准表达的关键。如果我们言语逻辑混乱，即便用词华丽考究，也不过是辞藻的无序堆砌，难以传递有效信号，让人无法理解我们在说什么。反之，如果我们逻辑分明、表达流畅时，即便我们说的都是大白话，亦能让对方豁然开朗，深感话语的精练有力。

小周说话的逻辑性并不是很强，经常是想到什么就说什么。即便是围绕同一个主题在说，但他的话总给人一种听得云里雾里的感觉。有不少同事说他的思维是跳跃性的，所以说话才会"东一榔头，西一棒槌"。但不管怎样，大家都觉得和小周谈话很吃力。

经理为了让小周的话语变得更有逻辑，就要求他在讲话之前，先把想要说的内容列出来，写在纸上，标好序号，然后按照顺序来说。如果是日常说话，也要在脑子里先将要说的内容过一遍，按照逻辑顺序来讲，并且多用一些连接词，比如"首先""其次""最后"等，加强逻辑性。

经过一段时间的练习，小周的说话水平有了明显的提高，同事们也感觉更容易理解他讲的话了。

在日常交谈中，若讲话水平欠佳，并不一定是什么大问题，可能只是没有清晰的逻辑。所以，在说话之前先将所要讲的内容捋一遍，让自己的话语变得更有逻辑性，就能显著改善表达的效果了。

1. 优化罗列顺序以构建说话逻辑

讲话内容的先后顺序很重要，把我们要说的内容罗列出来，按照时间或因果顺序罗列要点，从而让我们的表达逻辑清晰，易于理解。

2. 先过脑子再张口

有些人心直口快，脑子里还没有思考，嘴上已经将话说了出来，这样说出的话往往缺乏逻辑性。所以，我们要改变自己平时的讲话习惯，先把要说的内容在脑子里过一遍，把逻辑关系搞清楚，然后再说。此举虽耗时短，但收效甚佳。

3. 善用逻辑连接词

诸如"因为……所以""首先……其次"之类的连接词，如果运用得好，就能提升我们说话的逻辑性。而且，这也会促使我们主动将内容纳入逻辑框架中，使我们的表达更趋严谨。

讲话有逻辑，既能避免因缺乏思路而忘掉一些关键信息，又能增进他人对我们的话语的理解，对有效表达大有益处。故而，我们应该努力提高自己讲话的逻辑性，进而让我们的表达更清晰。

简单直接的话往往更受欢迎

现如今，我们的生活节奏一般都很快，工作中更是分秒必争，没有时间说多余的话。因此，在讲话的时候，如果我们总是绕弯子，别人可能会觉得这是在浪费他的时间。简单直接地说出我们的意思，让他人瞬间领会要义，如此才能广受欢迎。

小王平时说话诙谐幽默，也喜欢和别人插科打诨，在工作中也是如此。刚开始，同事还觉得有些新鲜，但是没过多久，就对他的这种说话方式困扰不已。即使是工作再紧急，小王都会先开几句玩笑话后才会切入正题，因此耽误了不少时间。

直到有一天，一位同事对小王说："你说话就不能直接一点吗？"小王还是第一次听别人这么说他，惊讶之余，也对自己进行了反思。他认为同事的话很有道理。于是，在今后的工作中，他说话尽可能地简单直接。有时，他甚至只用一个动作或眼神，就将意思传递给了同事。

同事对小王的转变感到很惊喜，同时也感觉彼此之间变得更有默契了。

在职场中，大家的时间都是很宝贵的。如果我们能够让自己的表达更简单直接一些，我们会更受大家欢迎。因此，我们要努力让自己的表达变得更加简洁，这样不但省心省力，也更利于他人理解。

1. 使用简单易懂的词汇

生活和工作不是写作文，不需要使用华丽的辞藻，只需要用朴实简单的话语把意思表达清楚，令我们的话直白易懂即可。

2. 开门见山，直奔主题

身在职场，行事应当直截了当，不要绕弯子，工作中说话亦应如此。这样，我们能节省大量的时间，同事也会觉得我们说话做事干净利落，愿意和我们共事。

3. 用眼神和肢体动作交流

当我们和同事有了足够的默契时，或许一个眼神、一个动作就能够传递信息。这样不但让表达更为简洁，同时也让彼此之间的感情变得更加深厚，因为这是要彼此足够了解才能有的强大默契。

我们在合适的场合要使用合适的表达方式，一般在工作和生活中，简单直接的话往往更受欢迎。

话题聚焦他人，话语深入人心

要想让我们的话更容易被别人接受，我们应该多站在对方的角度去思考问题，话题要聚焦他人。我们要说对方感兴趣的内容，说对方喜欢听的话，这样他们会更愿意和我们交流。

张敏是一个很会说话的人，她的同事在遇到一些难缠的问题时，总想找她帮忙解决。在一次和客户谈项目的过程中，张敏的同事发现这位客户要求非常多，不太好说话，于是连忙请张敏过来和客户谈。

张敏一见面就夸奖对方年轻有为，接着便是一阵嘘寒问暖，又和他说工作中是否有什么不好解决的麻烦，在合作时能帮忙一定会尽力帮忙。对方一下子就愣住了，虽然自己是第一次和张敏见面，但张敏话语中带给他的那种关切的感觉，就像是老朋友一样。

说话高手

张敏与客户聊天的话题总是围绕在客户身上，合作项目的相关问题也仿佛变成了为客户排忧解难的问题。客户谈了很多，但对张敏提出的要求却比之前少了。最终，张敏轻松地拿下了与客户合作的订单。

张敏之所以能在沟通中打动客户，关键在于她说话时所有的话题都是围绕着客户，让客户感到她是全心全意为他着想。客户忘记了要对她提出要求，只想着把自己的烦恼都告诉她，让她来想办法解决。合作项目的谈话，似乎成了老朋友之间的叙旧，这当然会谈得十分愉快。

1. 让你的话题围绕着别人转

有些人在讲话的时候总是说自己的想法，很少考虑别人想要的是什么、想听的是什么，这样说出来的话即便用词很讲究，别人也不一定愿意听。例子中的张敏，她并没有说太多的话，只不过总是将话题聚焦到客户身上，让话题总是围绕着客户转。但这已足够打动客户，让客户愿意和她沟通，最终达成合作。

2. 说话时多为别人的利益考虑

话题聚焦他人，站在他人的立场上去思考，维护他人的利益，你的话语就更容易深入人心。当对方发现我们是为他好，他自然就愿意听我们说话。张敏的话题中只有客户，仿佛一切都是在为客户解决问题，一下子就打动了客户，使合作变得顺理成章。

我们说话时最好能够将自己忘掉，将话题聚焦在他人身上。一个说话高手是无我的，他们总是说别人想听的话，围绕别人的利益来说话，话语自然能够深入人心。

诚实的话语有打动人心的力量

有人说："老实是最大的智慧。"正如这句话所说，诚实的话语拥有直抵人心、触动灵魂的非凡力量。在众人热衷于运用"话术"和"套路"，想方设法诱导他人顺从自己的意愿时，人们对此类行径怀有很强的警惕心理。相较而言，诚实的话语反而能引发内心的共鸣，更能打动人心。

晏殊，北宋时期著名的文学家、政治家，自幼便才学出众，声名远扬。本来，他可以不通过考试就去当官，但他还是坚持原则，毅然选择参加了考试。考场上，他发现考试题目竟是自己曾经做过的。尽管因此赢得了皇帝的赏识，但他却并未隐瞒，而是选择坦诚相告，并恳请皇帝更换题目重新对他进行考核。于是，皇帝当场出题。晏殊从容应对，表现得很好，受到了皇帝的赞赏。

　　又有一次，皇帝夸奖晏殊勤勉好学，总是闭门读书而不外出游玩。晏殊却如实回答，不是他不愿意出去玩，而是因为家境贫寒，没钱出去玩。皇帝对晏殊的这份诚实很是欣赏，后来还让他做了宰相。

　　在人际交往中，诚实的力量不容小觑。尽管诚实之言逆耳，甚至还对我们不太有利，然而，它却能够打动人心，使他人由衷地信服我们的品格。这不仅有利于交流，还为收获长久的信任筑牢根基。所以，诚实的话看似不利，实则益处多多。

1. 诚实比套路有用

　　诚实远比花言巧语可靠，因为它能打动人心，让人卸掉心防。反观那些巧舌如簧的人，人们难免会对他们存有戒心，担心他们夸大其词。而讲话诚实的人，却能让人更加放心，更愿意相信。所以，与其玩弄套路，不如赤诚相待。

2. 即便真话刺耳，也要如实相告

　　即便有些真话刺耳，甚至对我们不利，我们还是要坦诚相告。这样可以让别人知道我们的真心，也让我们可以无愧于心。

3. 诚实方能打动人心

　　如果我们讲话不诚实，或许能一时欺瞒他人。但是，随着时间的流逝，真相终会大白，而我们也会被视为不诚之人。所以，唯有诚实才能在每一次的沟通中赢取信任，从而收获他人长久的信赖。

　　诚实的人看似木讷，实则极具感染力，讲出的话更容易打动人心，这就是大巧若拙之妙。所以，我们在说话时，不妨摒弃套路与技巧，以诚实的话语来赢得人心，你会发现其实交流如此简单。

尊重别人才能赢得别人的尊重

世界就像是一面镜子，我们怎么对待它，它便会怎么对待我们。与人交谈时，别人也像是一面镜子，唯有尊重他人，他人才会尊重我们。因此，无论何时何地，我们面对何人，都应该以尊重为交流的底色。

曾有一位老人，穿着朴素，踏入一家汽车销售门店。这家店所销售的汽车价格都不便宜，一般人根本买不起。一名店员看了一眼这个其貌不扬的老人，并没把他放在眼里，只是简单地应付了一下。老人也没有要搭理他的意思，自己随便看了看。

另一位店员迅速上前，礼貌地将老人领到一旁坐下，还给老人递上了一瓶矿泉水，同时询问老人要不要吃点东西，因为店里有给顾客提供的免费零食等，还有工作餐。老人见这个店员很有礼貌，也向他报以微笑。老人并没有吃店里的食物，不过却在这位店员的介绍下，购买了一辆豪华轿车。

例子中的第一位店员对老人不够尊重，所以老人也懒得理他；第二位店员则对老人十分尊重，所以赢得了老人的尊重和好感，很快就拿下了订单。我们在说话的时候，如果能够对任何人都保持尊重，我们的沟通就会变得顺畅得多。

1. 尊重是对任何人都要有礼貌

真正厉害的人，永远懂得尊重他人。因为尊重他人，对他人来说是一种礼貌，对自己来说是一种修养。尊重别人，别人才会尊重你。

2. 尊重需摒弃主观臆断

例子中的第一位店员看到老人穿着普通，就断定老人买不起汽车，这就是主观臆断。很多时候，我们的想法不一定符合事实，所以千万不要先入为主、主观臆断，而是应该先去了解他人，然后再作出判断，这也是尊重他人的一种表现。

3. 尊重是接纳个体差异

每个人的价值观和认知或多或少存在差异，你所推崇的优秀特质，于他人而言，可能无足轻重；而他人在意的东西，你可能也并不在意。我们要接受人与人之间的差异，尊重他人所在意之事，并且不要因为别人身上没有我们所在意的，就觉得对方不够优秀。就像例子中的第一个店员觉得有钱人就应该穿得很体面，而老人却并不太在意穿着，这就是差异。只有接纳和包容差异，我们才可以真正从心底尊重他人。

当我们在言语沟通时能充分尊重他人，沟通就会变得轻松自在，别人也愿意和我们交流。充分的尊重能够弥补语言表达的不足，让彼此的心贴得更近，交流也就变得简单流畅起来。

不说不知道的事

古人云："知之为知之，不知为不知。"对于知道的事情，我们可以畅所欲言；对于不知道的事情，还是不说为妙，不然一旦说错了，不仅显得我们不靠谱，而且会对他人产生误导。生活中，有些人说话的时候会显得很沉稳，就是因为他们只说有把握的事情。

有一个网络博主受邀参加一家汽车企业的新品车展。到了车展现场，这位博主立马对着一款车猛夸，说这款车是世界上第一款使用了某先进技术的汽车，续航能力超强，安全性也超高，它的智能驾驶系统是全世界最先进的。可就在他滔滔不绝地夸奖时，有人打断了他，说这款汽车的确很先进，不过他说的那个先进技术并非第一次用，该车企发布的上一款汽车就已经使用了这个技术。顿时，这个网络博主陷入了尴尬的境地。

而另一个网络博主则表现得很好，他只讲了自己了解的部分，对不了解的部分则只是向大家说出了他的猜测，然后重点对这款车的外观说了自己的看法。虽然他的讲解并不算是最专业的，但至少没有错误，所以大家也都十分认可他的观点。

术业有专攻。毕竟每个人擅长的领域不一样，不可能什么都知道。所以，

说话高手

对于我们不知道的事情，宁可不说，也不要乱说。如果我们能够在说话时做到这一点，那么我们说出来的话就会更有价值，别人也会愿意好好听，也更重视我们说的话。

1. 话不在多而在精

有人觉得能说会道就是不停地说，其实并非如此。真正会说话的人，有时候话并不多。他们总是只说正确的话，这样一来，他们的话就很有水平，也很有分量。《道德经》里说："多言数穷，不如守中。"这是在提醒大家，说话多不一定好，说正确的、该说的话才是关键。

2. 只说自己懂的

我们不可能什么都懂，即便是涉猎很广泛的人，也有不懂的东西。在说话的时候，我们选择自己懂的部分说；对不懂的部分，要么选择不说，要么就说这部分自己不是很了解。别人并不会逼着我们去说我们不懂的内容，我们如实说出自己懂的部分就可以了。

3. 说出自己的感受和猜想

如果非要说我们不懂的部分，那我们可以说一说自己的主观感受和猜想。这些都是没有固定答案的，也不需要必须正确。就像例子中第二个网络博主，说说对车子外观的主观感受，简单评价一下，这没有对错，也就不会说错。

俗话说："露巧不如藏拙。"我们在说话时要懂得"藏拙"，避免谈论自己不懂的内容，更不要明明不知道却还要装作很懂的样子，对别人进行说教。只说自己懂的，不说不知道的，这才是会说话的人。

尽量不要否定别人

在人际交往中，谁都不愿意被他人否定，尤其是当面否定。唐太宗，这位历史上以善纳谏言而闻名的君主，在魏徵否定他时，也会怒不可遏，乃至动了杀心。由此可见，人都不太喜欢被否定，即便知道别人说得有道理。因此，我们在说话时，要尽量避免否定他人。

曾有一位用户到店里去办理业务，然而按照规定，该用户并不满足办理该项业务的条件。照理说，只要把规定向用户解释清楚就行了，但这位用户却一再要求，希望能够通融一下。业务员并没有直接否定用户，而是向用户耐心解释该业务为什么不可以办理，并将办理的困难一一说明。业务员还提供了另外的业务选项，告诉用户可以办理相近的业务。最后，业务员表示，可以记下用户的电话号码，一旦该业务的办理条件有了调整，会在第一时间通知用户。

在业务员的耐心劝说下，用户最终平静地离开了。正是因为业务员始终没有说出否定的话，用户的情绪才一直很稳定，也未引发任何争吵。

我们在日常交流中，如果否定他人，他人有可能会觉得我们态度不好，从而不愿意和我们进一步交流。特别是例子中的业务员和用户，稍有不慎便会出现争吵的情况。说话的艺术在于巧妙表达。就像例子中的业务员很会说话，未予否定却能成功引导用户改变主意。

1. 不否定，而是耐心解释

当需要否定他人的观点时，不要直接说"不行"，而是要耐心地向对方解释，让对方自行领悟自己的想法有误，并主动修正。这比我们直接否定要有效得多。

2. 不否定，而是提出会遇到的困难

如果对方执意要做某件事，我们可以提出这样做以后会遇到的种种困难，让对方重新考量他的要求的合理性。当对方发现他的要求确实有些强人所难时，通常会转变观念，放弃原来的想法。

3. 不否定，而是给出更好的解决办法

在否定他人时，如果我们能够提供更好的解决办法，一般他们不但不会生气，还会欣然接受我们的建议。因此，我们要尽量给出解决方法，即便不能彻底解决，也要提供一些可行性方案，以供对方选择。

毕竟，没有人愿意被否定。所以，在否定他人时，我们最好不要直接否定对方，而是应该采用委婉的方式，让对方自行察觉自己的想法有误或要求过分，这样的方式更容易被人接受，也更能显示出我们说话的智慧。

技术篇

说话就是一种技术活

资本论第一卷补遗

第三章

了解和倾听是把话讲好的前提

说话是为了沟通，我们需要了解对方，知道对方的需求，才能把话说到对方的心里去。因此，了解和倾听是把话说好的前提，也是说话高手极为重视的内容。

了解对方的信息，说话才能有的放矢

《孙子兵法》有云："知己知彼，百战不殆。"我们在说话的时候，如果不了解对方的情况，可能说了半天，只是自我感动，对方却无动于衷。要是我们能了解对方，知道他在乎什么，你只需一两句话就能说到对方心里去，引起他的共鸣。

> 小陈很会说话，即便是遇到了陌生人，他也能很快和对方攀谈起来。他说话的秘诀就是先了解对方，比如询问对方的职业、兴趣爱好、喜欢什么样的生活，以及对一些新闻时事的看法等。与此同时，他还会仔细观察对方的一些行为动作，以此来判断对方的性格，从而谈论对方感兴趣的话题，说对方喜欢听的话。
>
> 对于身边熟悉的人或者目标客户，小陈了解得更透彻。他会格外留心身边人的喜好，也会对目标客户做详细调查，不仅知道对方的基本信息，还清楚人家的生活习惯、兴趣爱好等，所以他一开口就能说到对方的心坎里。

任何一件事，想要做成，都要下功夫。说话也一样。对于说话高手来说，看似随口说的一句话，其实都是有的放矢的精准语言，能让听话的人心情舒畅。正因如此，他们的交流总是会很顺畅。

1. 主动询问，方能了解

我们总有遇到完全不了解的陌生人的时候，这时我们就要主动询问对方的兴趣爱好。通过了解对方，来达到说出对方喜欢听的话的目的，并让话题始终围绕对方的兴趣爱好转。

2. 细心观察更准确

除了主动询问之外，我们还要细心观察对方的表情、动作等，以此来判断对方的性格是活泼开朗还是沉稳内敛，也能从中了解到对方的兴趣所在，知道对方对当前的话题是否感兴趣。这样，我们的话就能一直让对方有兴趣。

3. 做足功课，有备无患

对于确定的目标客户，我们要先做好调查，充分了解对方的信息，准备好话题内容，从而做到有备无患。

4. 留心周围的人，处处都是信息

生活处处都是细节和学问，对于一个会说话的人来说，他会随时留意周围人的喜好。一个能够细心观察、对周围的人都有足够了解的人，才能成为真正的说话高手。

说话高手并不只是会说话，他们更有强大的观察能力和调查能力，能通过细节了解到听话者的兴趣爱好，做到有的放矢，让每一句话都能直指对方的心。

分析对方的需求，你的话就可以戳中痛点

如果你总是能够解决别人的需求，那么你一定会受到别人的欢迎。说话高手总是能够三言两语就切中对方的需求，戳中对方的痛点，并赢得对方的心。这需要强大的分析能力，并且具备分析对方需求的主观意识。

某手机品牌的销售员，向一位中年人推荐手机。这位中年人表示他对手机的要求不是很高，能够日常使用不卡顿，有拍照功能，价格不要太贵，就行了。根据中年人的要求，销售员分析其实对方是想买一款日常使用完全够用，拍照功能还可以，性价比高的手机。于是，销售员立即拿出一款新产品，并告诉中年人这款手机虽然价格稍微贵了一点点，但是它的拍照功能很强大，足以媲美单反相机；它的储存空间大，不用担心手机的内存被各种软件占满；相比于那些一两年就要换的低价手机，这款手机使用五六年都没问题，是一款性价比很高的手机。

最后，中年人听从了销售员的建议，购买了这款手机。在之后的使用过程中，中年人也对这款手机爱不释手，觉得销售员给自己推荐

了一款非常适合自己的手机。

人有时候对自己的需求不是很了解，但是会说话的人则非常善于分析对方的需求，能说出对方的心里话，戳中对方的痛点，从而说服对方，成就双赢的局面。

1. 不受语言影响，独立分析

我们要听对方的话，但也不要被对方的话迷惑，要有独立思考和分析的能力，抓住对方需求的本质。例子中的中年人虽然要求手机价格不要太贵，但他的本质需求其实是高性价比，销售员正是抓住了这一点，才能精准戳中对方的痛点，实现完美成交。

2. 用合理的解释改变对方的观念

当我们分析出对方的痛点之后，我们要给对方一个合理的解释，让对方知道我们可以帮他解决问题，并赢得对方的信任，这样他们才能按照我们的要求去做。例子中的销售员就是解释了他推荐的手机虽然价格稍贵，但是使用时间更长，更具性价比，所以顾客才愿意购买。

3. 切实解决问题，皆大欢喜

我们只会说但实际上无法给对方解决问题，这是不行的。我们不但要分析出对方的痛点，指出对方的痛点，还要真正能解决这个痛点。例子中的销售员所推荐的手机，确实是顾客需要的，所以顾客在使用之后会觉得销售员很懂他。如果这款手机和顾客的预期不符，那么顾客有可能会去退货，或者对该品牌产生不好的印象，那么前面销售员的话说得再好，也没有用。

我们在说话时，要独立分析对方的需求，说出的话要戳中对方的痛点，并且最后真正为对方解决问题。如果能够做到这些，相信任何人都会很愿意听我们讲话，愿意让我们来帮他解决问题。

聆听对方的话语，真正理解对方的心意

我们在聆听别人话语的时候，要用心去听，真正理解对方的心意。这样我们

才能做出合理的应对，说出令对方满意的话。如果我们不能够认真听别人讲话，自顾自地说一些冠冕堂皇的话，那么即便话说得再漂亮，别人也不一定愿意听。

一位顾客买了一件衣服，结果发现衣服掉色，第二天就来到卖衣服的店里。店员听顾客说了衣服掉色的情况，立即表示这衣服的质量肯定没有问题，不可能退换。顾客一听就急了，两个人便争吵了起来。

老板听到争吵声赶紧走了过来，听顾客说了问题之后，表示这衣服的质量肯定不会有问题，不过既然掉色，那就看顾客想要怎么处理这件事。

顾客见老板态度很好，就表示这件衣服她很喜欢，本来也没打算退，只要能解决掉色的问题就可以。于是，老板说，这件衣服刚开始会掉一些浮色，顾客多清洗几次后就不会出现这种情况，如果到时候还是掉色严重，可以再过来退。顾客听从了老板的建议，衣服果然没有再出现掉色的情况。

例子中的店员显然没能理解顾客的意思，以为顾客是要退货，其实顾客的目的是解决衣服掉色的问题。我们在和他人交流时，不要急于下结论，而是要认真聆听对方的话语，真正理解对方的心意，然后再想办法解决问题。

1. 多倾听，不要急着下结论

很多时候，我们之所以没能理解别人的意思，是因为我们还没听完对方的话，就按照自己的思路去理解了。我们要多听对方的话，听对方把话讲完，不要总是急着下结论，这样就能避免出现错误理解的情况。

2. 以解决问题为目的，避免争吵

争吵往往不能解决任何问题，还会阻碍彼此之间理解对方的心意。所以，在交流遇到问题时，我们要心平气和地了解对方的想法，解决对方的顾虑。就像例子中的老板，让顾客说出自己的需求，就会发现其实这也不是很难解决的问题。

鼓励对方分享，通过他的故事或观点了解他

在人际交往中，积极鼓励他人分享其故事与观点有助于我们深入了解对

方。所以，当有人乐于与我们分享时，我们可以借机洞察他的内心想法。那些说话高手总是能够引导对方说出他的故事和观点。

  于经理平时很喜欢听员工们讲他们的生活和工作，因为他知道用这样的方式可以增加自己对员工的了解。
  在一次公司聚餐时，于经理问一位新来的员工："新工作适应得如何了？最近的生活和工作有什么可以分享的事吗？这也能让大家多了解了解你。"
  员工说："我这人平时比较随和，不爱与人计较，现在是和别人合租，每天的垃圾我都会顺手带下楼扔掉。室友觉得有些不好意思，就经常打扫公共区域。我们相处得非常融洽，没闹过矛盾。在工作中，我要求比较细致，之前还不小心得罪过同事，他们嫌我太较真。在上一家公司，我没能和同事们处理好关系，在咱们这里会特别注意的。"
  听完下属的讲述，于经理对他有了一定的了解，知道他在生活中比较随和，在工作中却认真到有些较真。这样的员工如果能好好培养，可能会成为公司的骨干。

了解他人的方式有很多种，倾听他们的故事和观点，是最为方便快捷的一种。一般情况下，一个人的故事和观点能帮助我们了解他们的行事风格和价值观。

1. 故事能判断一个人的行事风格

当人们讲述自己的故事时，他们或许会在细节方面有所加工，但整体的故事所显露出来的行事风格是不会改变的。当我们知道他们的行事风格，就可以判断出他的性格、喜好等一系列的内容，从而在和他们交谈时知道该怎么说话。

2. 观点能体现一个人的价值观

每个人的价值观都会有所区别，而对一件事的观点则能够将价值观直接体现出来。我们通过别人的观点，就能知道他们的价值观，从而在说话时说出符合他们价值观的话，让他们愿意听我们讲话。

与其想方设法去了解他人，不如鼓励对方把观点说出来。这样，我们就可以轻松了解他们的性格习惯和价值观念，从而在交谈中变得更加得心应手。

观察对方的表现，动作不会骗人

在人际交往中，语言有时候会骗人。因此，当我们与他人交流时，不能只听对方说了什么，还要观察对方的表现，捕捉对方的细微动作。因为动作不像语言那样容易被操控，反而更容易透露一个人内心的想法。

一个小男孩跟着父亲到父亲的朋友家玩。小男孩和朋友的儿子两个人在一起玩玩具，玩得很开心。到该回家的时候，朋友拿起刚才小男孩一直在玩的一个玩具，说如果他喜欢这个玩具的话就送给他。小男孩说："这是别人的东西，我不能要。"但是，他看玩具的目光是恋恋不舍的。

朋友笑了起来，他知道动作是不会骗人的，小男孩肯定喜欢这个玩具。于是，他又问自己的儿子，如果把这个玩具送给小男孩可以吗？朋友的儿子爽快地答应了。见小男孩还是不肯收，小男孩的父亲就替小男孩收下了玩具。小男孩这才说了声"谢谢"，然后开心地跟父亲走了。

要想了解他人，只听他们说的话是不够的，还要观察他们的表现和动作，如此才能了解他们真正的想法。语言可以口不对心，但动作往往不会骗人。

1. 一瞬间的眼神是骗不了人的

当一个人遇到感兴趣的事情时，眼神里会充满期待；而当遇到不感兴趣的事情，他的眼神里则缺乏光彩，一副心不在焉、无精打采的样子。我们通过观察一瞬间的眼神，就能够清楚地知道对方的想法。

2. 细微的动作能透露出很多信息

有些人在说谎的时候，会有一些特殊的动作，比如双手紧握、摸耳朵、摸鼻子、捂嘴巴等，每个人的动作会有所不同，但这些动作都会显得不太自然。而有些人在听到令他感兴趣的内容时，会身体前倾、食指大动、嘴巴微张等。通过留心这些动作，我们就能知道对方的真实心态。

说话高手往往不会放过任何一个细节。当我们留心观察对方的动作，并通过动作了解对方的心理时，我们就能在说话时占据主动，掌控说话的节奏，从而使交流变得更加融洽。

赢得对方的信任，一切就会变得简单起来

与人交谈时，若想要让他人接纳我们的观点，没有信任是不行的。说话高手就善于赢得对方的信任，而这种信任往往是建立在了解和倾听的基础上的。

> 小芳是一名销售员，她的销售业绩是店里最好的。大家都不明白她是怎么做到的，因为她跟顾客聊天时，话并不多，可顾客就是很满意，愿意从她那里买东西。
>
> 有一次，店里来了一位顾客。有个销售员便上前滔滔不绝地介绍起了产品的优点，并且将新产品一股脑地推荐给了顾客。顾客却皱起了眉，说不用销售员介绍，她自己慢慢看就行。那个销售员只好默默地走开了。小芳见状便走了过去。顾客以为小芳也和刚才那个销售员一样，刚想开口拒绝，只听小芳说顾客可以说说自己的需求。
>
> 顾客便开始说自己对产品的需求，小芳认真地听着，也没有打断顾客，只是点头，示意顾客继续说下去。顾客一口气将自己的需求说完了，小芳依旧认真地听着。顾客顿时觉得小芳的服务很周到，对顾客的要求也很在意。虽然小芳几乎什么也没做，却让顾客有了信任感。
>
> 接下来，小芳根据顾客的需求，为其推荐了一款产品，而顾客也爽快地买单了。

其实，小芳没什么神奇魔法，她就是愿意倾听顾客的需求，通过倾听获得了顾客的信任，她和顾客的交流就会变得非常有效。通过倾听赢得别人的信任，交流就会变得简单起来。

1. 倾听就是认真对待，能赢得信任

好好听别人说话，这是认真对待他人的表现，能够赢得他人的信任。如果我们只顾着自己说，不管他人是不行的。倾听他人的需求，就是重视他人，自然能够得到他人的信任。

2. 不随意打断，要让对方知道你听懂了

例子中的小芳在顾客说话的时候，没有打断顾客的话，还通过点头的方式让顾客知道她在认真倾听，也听懂了顾客的意思。所以，我们在倾听时，尽量不要打断，而是要听他们说完自己的想法，再去表达我们的看法。

如果你能够认真听别人说话，别人就会觉得你很重视他，也就更愿意信任你。一个会说话的人，首先是一个会倾听的人，能用倾听赢得他人的信任，交流就不是什么难事了。

第四章

观察入微，
才能提高说话的情商

在人际交往中，人们都希望自己拥有高情商。然而，高情商并不是与生俱来的，而是源自对细节的高度关注和细致入微的观察。当我们能够凭借对细节的精准把控，敏锐地觉察他人的情绪，洞悉他人的想法时，我们说话时自然就会彰显出高情商。

一个微小的表情，就能知道对方在想什么

情商高的人一般很敏感，擅长捕捉微表情和细节，来感知周围的情况。与人交谈时，一个细微的表情就能洞悉对方的想法，据此做出合理的回应，促进良好交流。

小楚情商很高，在和同事聊天时，总能和大家聊得很愉快。所以，他在公司里非常受欢迎，大家也很喜欢和他一起工作。小楚还是公司里公认的"矛盾调解员"。每当公司里有人闹矛盾时，他都能轻松劝解成功。

有一次，两位同事因为工作闹了点小矛盾，小楚赶紧前去劝解。

小楚通过不断观察两位同事的微小表情，随时注意两人的情绪，最终成功地将两人劝好了。

说话是一门技术活，而如果能够通过微小的表情，读懂对方心中的想法，随时调整自己的语言，就能让交流变得容易得多。

1. 平时多留意别人的微表情

很多事情都是习惯成自然，如果我们只在某一次说话时关注别人的微表情，我们很难做到从容不迫，也很难猜准别人的心思。小楚之所以能够有很强的察言观色的本事，就是因为他平时就一直在注意。如果我们平时能多留意别人的微表情，也就能通过微表情知道别人在想什么。

2. 要有灵活应变的能力

只会读懂微表情还不够，我们需要具备灵活应变的能力，就像小楚那样，能根据对方的情况随时调整自己的语言，这样才能控制好对方的情绪，让聊天一直愉快地进行下去。

很多时候，我们需要具备见微知著的能力，而说话高手更是需要修炼这种能力。如果我们能够随时随地轻松读懂别人的微表情背后的想法，还能灵活变换自己的语言，那么我们也能成为一个说话高手。

一句不经意的话语，能读懂对方的真实感受

有时候，人们会在别人面前装样子：有时候装坚强，有时候装不在乎。然而，不管装得有多像，一句不经意的话可能就会暴露一个人的内心。说话高手往往能够从不经意的话语中读懂别人真正的感受，从而说出对方想听的话。

齐岚是一个很细心的人，总能听懂别人不经意间表达出来的真实感受，所以总是在沟通中表现得很好。

最近，公司里来了一位新同事。可能是因为刚从事这个行业，所以她平时表现得不是太好，也没有融入工作团队。有些同事认为这位新同事做事不太积极，可能是一个懒惰的人。

一天，齐岚早早地来到公司，却发现新同事已经到了，正坐在工位上叹着气："要是我能聪明一点就好了！"见齐岚到了，她朝齐岚笑了一下，便低头准备工作。齐岚知道她其实很想上进，便对她说："不如我帮帮你，怎么样？"新同事向她投去了感激的目光，点了点头。齐岚开始帮助她解决工作中遇到的不懂的问题，并在空闲时主动和她交谈。一段时间过后，新同事有了明显的进步，整个人都开朗了许多，也逐渐融入了他们这个集体当中。

不经意间的一句话，往往能反映出人的内心想法。那么，怎么判断哪句话是在不经意间说出来的呢？

1. 不经意间的话往往很突兀

要判断对方说的哪一句话是那句不经意间的话，可以通过这句话的突兀性来判断。当对方有感而发时，这句话一般都是属于直抒胸臆，往往是突然而来又戛然而止，和前后的语句都不太能联系上，显得比较突兀。抓住这样的话，就能知道对方的真实想法了。

2. 不经意间的话往往是在感叹

不经意间的一句话往往是表达内心情感的，一般都是在感叹。所以，当我们忽然听到一声感叹的话，可能就是能显示对方内心感受的话。多留心这样的话，

就能读懂对方心里的想法。

高情商的人是能理解别人的人，而能理解别人一般都会注意细节。对方不经意间的一句话，无心之人会错过，而有心之人则能从中解读出对方内心的真情实感。这样的人情商自然很高，说话自然也能打动人心。

办公环境能透露出很多信息

环境能够改变人，而人也会影响到自己所处的环境。办公环境是我们每个人停留时间最久的环境之一，所以它往往能够透露出很多信息。如果我们能够留心观察，就能通过这些信息了解到对方，在交流时更有针对性。

在一次合作谈判中，小李和一个小公司的老板正在谈判。对方一开始表现得非常强势，不肯轻易让步。小李却表现得很是从容，他觉得对方一定想要和自己合作，原因在于这次的合作虽然有一定的风险，但如果成功，将会带来很大的利润空间，这对于这个小公司的发展很关键。

小李不慌不忙地说："贵公司虽然规模不大，但我看到您的办公室收拾得很整洁，可见您是一位对自己要求很严格、有很强上进心的人。可是唯独您的办公桌比较乱，看来应该是最近工作压力比较大，经常在办公室工作，甚至可能吃住都在这里。也就是说，您现在急需一个突破口，带领公司发展壮大。这次的合作虽然风险比较大，我们的要求也确实相对苛刻了一些，但您想一想，一旦合作成功，贵公司的发展前景将是不可限量的。"

果然，通过细致入微的分析，小李成功地打动了这位老板，双方顺利达成了合作。

通过办公环境，我们可以分析出这个办公室主人的性格、现在的状态等很多信息。利用这些信息，就能使我们在交谈中表现得更有针对性，使交谈更容易进行。

1. 办公环境整洁，说明严于律己

一般对自己要求严格的人，会把周围的环境打理得井井有条。办公环境整洁的人，在工作中也有很强的上进心，能够专心致志地工作，工作效率和工作能力一般都很好。

2. 办公环境凌乱，说明不修边幅

办公环境凌乱的人，可能不修边幅，大大咧咧。但这并不表示他们的工作能力就弱，有的人只注重工作本身，对周围的环境并不在意，才会导致办公环境比较凌乱。这时，我们要根据实际情况来合理判断。

3. 办公环境温馨，说明心思细腻

心思细腻的人很在乎细节，他们会把办公环境装饰得很温馨，比如放上一些小摆件或绿植等。

我们通过观察办公环境，可以收集到一些有用的信息，从而在交流中选择合适的话语来打动对方的心，从而达到交流的目的。

当对方提问时，应进行深入交流

当我们对某个内容感兴趣时，通常会主动追问，并提出疑问；反之，一般不会再提问。因此，在交流的过程中，如果对方向我们提问时，我们就应该抓住这个机会，和对方进行深入交流。

孙经理是一个说话高手。他在给员工开会时，总是能够激发员工的兴致，将一般人不愿意开的会，变成人人争相提问和讨论的会。

在一次会议上，孙经理谈到了公司未来的发展方向。他指出，现如今，智能化在各行各业均占据着重要的地位，公司要想快速发展，应该朝着智能化的方向迈进。但是就目前的市场行情来看，公司的智能化不应该选择自主研发模式，而应该选择和一些优秀的企业合作。

员工面露疑色，现在的人工智能还处于起步阶段，为什么要放弃自

主研发而选择合作呢？孙经理见大家产生了兴趣，立即向大家分享了自己的调研资料。虽然资料的篇幅有些长，但员工们听得津津有味。最后，大家都明白了孙经理选择合作而不是自主研发的原因：优秀企业的人工智能技术已经相当先进了，而且其运行需要大量的数据的支撑，小型企业自主研发不仅困难重重，还耗时耗力，所以合作才是明智之举。

孙经理借着员工的提问，抓住机会展开深入交流，这样就能将话题聊透彻。反之，如果一上来就长篇大论地讲述，可能根本就引不起对方的兴趣。

1. 抛出吸睛内容，激发对方的提问欲

想要让对方主动提问，我们不应该只是被动等待，而要主动抛出有吸引力的内容，激起对方的好奇心。例子中的孙经理说不应该选择自主研发，而应该选择合作的观点是比较具有吸引力的，会让员工产生好奇心理：他是怎么做出判断的？如果孙经理只说应该选择合作，并就合作细节展开详细述说，员工可能就不会有疑问，因为他只给了一个选项。

2. 深入交流时应简洁明了

在对方提出了问题，我们抓住机会进行深入交流时，要注意一点，就是说话要简洁明了。因为繁复啰唆的语言会消磨掉对方的耐心。

在交流时，我们要想办法引起对方的兴趣，让对方就一些问题进行提问，进而抓住机会深入交流。这样，我们就能够取得更好的交流效果，让谈话有足够的深度和广度。

读懂对方的尴尬，不要一个话题说到底

高情商的人不会让交流陷入尴尬的境地，也不会对他人的尴尬处境视而不见。因而，说话高手往往能够敏锐地察觉到对方的尴尬与不安，并及时切换话题，避免让对方一直处在尴尬之中。

有一次，晓雪和同事谈到了工作中的趣事。说着说着，晓雪想起

同事曾犯过一个有趣的错误，便说那次真的是让所有人都感到不可思议。同事的脸色顿时变得不自然起来，那次犯错的事一直是大家茶余饭后的谈资，而她也觉得很丢人。晓雪立刻意识到同事并不喜欢谈论这个话题，当即话锋一转："其实我也犯了一个有趣的错误，只不过没被大家留意……"然后，晓雪便开始讲述起自己的经历。这时，同事的脸色才缓和下来，反而安慰起她来。

所以，我们在交流的过程中要随时留意对方的反应。一旦发现对方出现尴尬的情绪，就应该立马切换话题，不要在一个话题上说到底。

1. 随时留心对方的表现，对方的不自然就是信号

通常，聊天是一件轻松的事情。如果对方表现得轻松自然，那么这个话题就可以继续聊下去。如果发现对方表现得不自然了，如坐立不安、脸色不对等，我们就应该立马警惕起来，可能我们聊的话题让对方感到尴尬了，因为这些不自然都是信号。

2. 及时转换话题，缓解尴尬的情况

发现对方的尴尬之后，不要无动于衷，而要及时转换话题，让对方不再尴尬。例子中的晓雪说到同事犯错的事情，让同事感到尴尬，于是她立即说起了自己犯错的事，自嘲一番。此举不但缓解了尴尬，还让同事感觉两个人同病相怜，进而拉近了双方的距离。

我们在聊天时要随时注意聊天的气氛和对方的反应。一旦发现气氛不对或者让对方尴尬了，就应该立刻停止当前话题，换一个让彼此都感到舒服的话题，这样大家才能好好聊下去。

灵活应变，总能把话说到对方心坎里

即便是说话高手，也不一定能将每一句话都能说到对方的心坎里。但是，说话高手的厉害之处在于懂得灵活变通，上一句话没能说到对方心坎里，下一句就能补上。交流的过程中总是会面临各种各样的情况，我们可以根据对方的

说话高手

情绪和反馈做出调整，从而把话说到对方心坎里。

> 小刘是一个很会说话的人，总能通过别人的情绪和回应，猜到别人的想法，然后灵活应变，最终打动人心。
> 有一次，小刘去和客户谈生意。他本来打算以更高的优惠力度拿下客户，但在交谈的过程中，他发现客户虽然在意优惠的力度，但更看重长期合作。于是，他立即转变思路，和客户讨论起长期合作，并就长期合作对彼此的好处以及长期合作的利润增长进行了详细分析。客户对此感到非常满意，当即拍板长期合作。

小刘能够根据客户的需求进行灵活应变，虽然他一开始并没有准备长期合作的相关说辞，但他能立即开始和客户讨论长期合作，把话说到了客户的心坎里，便顺利谈成了合作。

1. 猜到对方真正想要的是什么

我们在和别人交流时，通常会预设对方的关注点。如果发现对方真正想要的并不是我们提前想好的点，我们就要及时改变谈话方向。当对方就某个问题比较关心，总是谈论和这个问题相关的内容时，就说明这是他的关注点。

2. 灵活应变，即便没有准备也没关系

发现对方真正想要的，我们即便没有准备，也要赶紧把话题转移到这个点上来。这样，即便我们表现得并不是很好，也比我们总是谈论对方不关心的内容要强得多。例子中的小刘虽然没有提前准备，但凭借经验也能说得让客户满意。

谈话有时候就像打仗，当对方的表现出乎意料时，我们千万不要慌，要灵活应变，将话题引到对方感兴趣的内容上。话不一定要说得多漂亮，只要说到对方的心坎里，就足以打动人心。

第五章

高手说话总是感情充沛，态度分明

　　一个感情充沛的人在说话时，他的感情能通过话语和表情展现出来，并能影响到他人。说话高手一般都感情充沛，他们会用激情打动人，让人愿意认同并接受他们的观点。

无论何时都要保持正能量

很多人喜欢把"正能量"这个词挂在嘴边，可见人们对它还是比较在意的。在日常的生活和工作中，人们也愿意和正能量的人打交道，而远离负能量的人。因此，如果你想成为说话高手，就应该像他们一样随时都能保持正能量，这样别人才愿意亲近你。

小吕是一个正能量满满的人，工作时总是充满朝气。当同事抱怨工作辛苦时，他却从来不抱怨，反而开导同事，既来之则安之，虽然苦一点、累一点，但工资高，还能创造出更多的价值。

有一次，团队工作遇到了困难，不少人便开始抱怨起来，觉得这项工作太难，不应该交给他们团队来做，而应该交给更强的团队去做。听着大家的抱怨，小吕对大家说："我们团队是需要成长的，不能什么都依靠更强的团队，我们也可以变得更强。这次工作的时间是紧迫一些，但也不是不能完成。如果我们将抱怨的时间节省下来加紧工作，我们一定可以按时完成任务。更重要的是，我们获得了成长！"

大家听了小吕的话都不再抱怨了，而是开始加紧工作。果然，他们团队圆满地完成了任务，还受到了领导的表扬，整个团队也有了很大的进步。

正能量是任何时候都需要的，特别是在困难的时候，一句丧气话和一句充满正能量的话，结果可能天差地别。所以，无论什么时候，我们都应该保持正能量，多说正能量的话，并将正能量传递给别人。

1. 拥有正能量的人，想法总是正向的

如果你平时总是想负面的内容，那么你很难在说话的时候保持正能量。言为心声，平时我们就应该多想正向的内容，让自己的想法充满正能量。那么，我们在说话时，自然而然就只会说正能量的话，也能给别人传递正能量。

2. 越是艰难的时刻，越要有正能量

平时保持正能量不难，但在艰难时刻，在很容易生出负面情绪的时刻，还能保持正能量，就比较难了。正因为难，此时的正能量更显珍贵。我们要时刻保持正能量，越是在艰难的时候，越要提醒自己保持正能量、说正面的话。如此，我们才能与众不同，同时还能给别人以战胜困难的勇气和力量。

正能量是每个人都需要的，也是说话高手应该时刻具备的。当你拥有正能量时，你可以用它来激励身边的每个人，你也能保持积极的心态。这样，你会变得更优秀，别人也会因为你而变得更好。

鼓励别人积极应对困难，不说丧气话

有些人在情绪不好时，很容易说一些丧气话。对于说话高手来说，他们会严格约束自己，不说丧气话。特别是在遇到困难时，本来你的情绪已经不好了，再说丧气话，只会让结果更糟糕。此时，用鼓励的话语来激励别人积极应对困难，才是我们应该做的事。

小胡是一个很会说话的人，平时说话时总能给人一种如沐春风的感觉。当同事在工作中遇到困难时，他会鼓励同事，让同事重拾信心与勇气。

有一次，一个同事在工作中遇到了困难，便开始一蹶不振，说各种丧气话，如工作太难，他一辈子也做不好了等。小胡赶紧劝他别说这种丧气话，还让他想想以前是不是也遇到过无法完成的工作，那时他是怎么处理的，在他的工作能力提升了之后，再回望那些工作是否就变得没那么难了。所以，解决问题关键是要提升自己的能力，如此工作中的难题也就不足为惧了。

在听了小胡的鼓励之后，同事平复了心情，开始认真地工作起来，有遇到自己处理不了的难题时，他会主动向领导、资深的同事寻求帮助。最终，同事完成了工作，也获得了成长。他很感激小胡，认为如果没

有小胡的鼓励，当时的他一定会崩溃。

对他人的鼓励，犹如寒冬里的炭火，能够温暖人心，让人重拾信心，最终把事情做好。一个经常鼓励别人的人，别人也会愿意听他的话。而我们在鼓励别人的时候，其实也能提升自己的信心，增强自己的力量。

1. 平时多说鼓励的话，不说丧气话

一个人要想改变自己的语言习惯其实是比较难的，所以就要在平时多下功夫，多说鼓励的话，不说丧气话。长此以往，鼓励的话就能脱口而出了。

2. 鼓励别人的同时，也是在给自己力量

我们在鼓励别人战胜困难时，其实也是在给自己力量。在鼓励别人时，我们会收获很多朋友和鼓励人的经验。而当我们遇到了困难时，我们也会习惯性地用这种方式给自己加油打气，从而给予自己战胜困难的力量。

赠人玫瑰，手有余香。我们在给予别人鼓励的时候，也是在给自己加注力量。说话高手会在别人遇到困难时用鼓励的话传递出温暖的力量，让其有勇气战胜困难，与此同时，也温暖了自己。

充分照顾别人的感受，把握好说话的分寸

说话高手，一般都是情感丰富之人，对感情的感知也更敏锐。和别人交流时，他们能充分照顾别人的感受，精准拿捏好说话的分寸，让人感到轻松愉悦。

小张是一名优秀的服装销售员，不管什么样的顾客到她这里来买衣服，都能开开心心地来，高高兴兴地走。

有一次，一位身材微胖的顾客来买衣服。小张立即向她推荐起店里新到的几款衣服。她一边向顾客展示衣服，一边说："您看这件衣服的面料好，穿在身上也很舒服。而且它的设计非常不错，显得人的身材很好，即便有那么一点……"说到这里时，顾客看了她一眼。小张赶紧改口说："即便有那么一点点丰腴，也可以穿出赵

飞燕那般的轻盈婀娜之态。"顾客见她说得委婉，也没有不高兴，反而笑了起来。

最终，顾客购买了小张推荐的那件衣服，还夸小张很会说话。

在交流时，可能只是一句话说不对，就会对整场谈话产生不利的影响。对于销售人员而言，更是如此。例子中的小张能够精准地把握说话的分寸，让顾客听了满意。

1. 充分考虑别人的感受，才能照顾好别人的感受

要想顾及他人的感受，就要从自身的情感体验出发，推己及人。当我们要开口说话时，先想一想别人，考虑一下别人在听到这句话时会怎么想，会不会感到不舒服，这样我们就能把握好说话的分寸了。

2. 关键时刻放慢节奏，注意观察别人的反应

在交流的关键时刻，我们要放慢语速，给予他人反应的时间。毕竟，说出去的话就像泼出去的水，无法收回。因此，在说到有可能会影响到他人感受的话时，我们应该放慢说话的节奏，注意观察对方的反应，如果发现不对，应及时改变说话的内容。

一个在说话时总是能够照顾到别人感受的人，往往能够让听话的人心情愉悦。他们是说话的高手，也是话语分寸感和力度控制的高手。听这样的人说话会很舒服，而我们则要努力成为这样的人。

真诚互动，让彼此敞开心扉

说话高手有多种说话技巧，但无论什么样的技巧，它的深层核心是真诚。技巧只是表面的"术"，真诚才是核心的"道"。如果缺乏真诚，即便我们说得天花乱坠，别人也不会买账。反之，如果足够真诚，即便我们的话语十分笨拙，别人也会对我们敞开心扉，真诚相待。

在一个汽车销售门店里，一个说话不利索的人常年夺得门店销售

冠军之位。这让其他的销售员感到很不服气，凭什么一个口吃的人的销售业绩会比他们的销售业绩好。

在一次内部会议上，经理解开了大家的疑惑。他说，他专门研究过这位同事的销售方法。其实，这个方法很简单，就是真诚。虽然他说话总是磕磕绊绊的，但是他总能说出关键的内容。如果顾客购买的车辆在不久的将来会降价，他并不会瞒着顾客，而是会提醒顾客过几天再来购买，这样会更便宜。这在一些人看来是不可思议的，他们更愿意在车辆降价之前赶紧让顾客下单，因为这样赚到的提成会更多。但是，这位同事的真诚却让顾客再也没有任何顾虑，即便一开始没打算购买，此时也会下定购买的决心，不为别的，就为这样的销售员一定不会骗他，他买得放心。至于车型和其他问题，这位同事也是根据顾客的需要如实回答，没有任何欺瞒。

经理总结道，说话顺不顺畅永远不是交流时最重要的，真诚才是拿下顾客的"必杀技"。

没有人愿意被欺骗，我们如果能够在交流时始终保持真诚，不管我们说话的技巧如何，都能赢得他人的心。

1. 抛开一切技巧，剩下一片真诚

在学习怎么成为说话高手时，你可能会学到很多的技巧。但真到了和别人交流时，你完全可以将所有的技巧抛开，因为那些技巧应该融入你的每一句话中，而不是仅存在你的脑海里。而抛开一切的技巧之后，剩下的就是你的真诚。你若真诚，即便你的技巧不足以应对当前的情况，也能用真诚弥补技巧的不足，打动对方的心。

2. 真诚是要设身处地地为对方着想

真诚的人不会总想着占别人的便宜，而是会设身处地为对方着想。例子中的销售冠军，并不会为了自己的提成高一点就忽视了顾客的利益。其实，这是非常有智慧的做法，不但向对方展示了真诚，而且能结交顾客这个朋友，是可以带来长远利益的。

在交流时，真诚是我们应有的底色。即便说话高手的技巧千变万化，但他

的真诚是不变的。真诚一点，设身处地为他人着想，那么我们就可以让谈话顺利进行下去，甚至还能收获不少朋友。

该表态的时候要表态，力挺他人

在人际交往中，明确表态、力挺他人是一种难能可贵的品质。很多人有自己清晰的立场和态度，特别是在关键时刻会果断地表明。毕竟，人人心中怀揣着对正义和公平的渴望。即便是一句鸣不平的话，也能让人心中感到温暖。当我们遇到需要表态的时候，应该积极表态，力挺那些需要支持的人。

在某公司的一次会议上，大家纷纷举手支持了一项决议。但是，有一位部门经理却提出了反对意见。他讲述了自己反对的原因，并表示这项决议虽然大多数人同意，但很有可能是错误的。很多时候，真理往往掌握在少数人手中。

这时，大多数人觉得这位部门经理"疯了"，竟敢明目张胆地和大多数人唱反调。现场气氛凝重，陷入尴尬的寂静。就在这时，另一位经理仗义执言，认为那位部门经理的话有道理，对于这项决议，应该重新考虑。在这位经理的力挺下，总经理最终决定重新考虑这次决议。事后证明，这两位经理的想法是对的。如果那项决议就那样通过了，会给公司带来不小的损失。

由此可见，在应该表态的时候不可以瞻前顾后、患得患失，而应该能坚定地站出来力挺他人。一个说话高手，应该为公平正义发声，而不能人云亦云。只要觉得某事正确，就应当勇于表达。

1. 在力挺别人时，我们也是在力挺正确的事

值得我们力挺的人，他们说的话或者做的事，一定是我们认为正确的。既然是正确的，就应该做，也值得做。因此，我们的支持很重要。有时候，我们的发声可能会左右结局。

2. 态度很重要，结果反而没那么重要

当我们力挺别人时，事情并不一定会因为我们的力挺而发生改变，但我们力挺的态度很重要。即便我们无法决定事情的结果，我们却可以决定我们在做什么。表明我们的态度，为正确的事情尽我们自己的力量，这就够了。

有时候，态度比结果更重要。而我们力挺别人的态度，能够带给人温暖，也能让我们认为正确的事情多一点成功的可能。说话的时候，我们要为正确的事情发声，至于结果怎样，不用过多在意。

说服篇

高手说话,
意在说服他人

第六章

说话高手能将观念在不经意间植入对方心里

　　当我们的劝说意图太过明显时，对方就会本能地产生抗拒心理。相反，若能在不经意间引导对方接受新的想法，就能避开对方的心理防线，从而使其更容易被我们影响。真正的说话高手，就是能潜移默化地影响别人，将观念在不经意间植入对方心里。

不经意间透露的信息，能进入人的潜意识

有不少人愿意和别人聊八卦，或者打听一些小道消息，这是人们的好奇心使然。在和他人交流时，利用好这份好奇心，将一些信息伪装成看似不经意间透露出来的信息，他人就会受到这些信息的影响，并且对其深信不疑。

小磊在和合作方谈判时，对方怎么都不肯接受小磊提出来的条件，一定要小磊给出更高的价码。小磊见一时间谈不拢，看着也到了吃饭的时间，就约着对方一起吃饭。

在吃饭的时候，小磊假装不经意间谈到了公司的一个新项目，说这个新项目马上就要研发成功了。说到这里，他赶紧闭嘴，补充说只是自己的猜测，然后便不再聊这个话题。越是这样，对方就越觉得他是在欲盖弥彰，那个新项目肯定快要成功了。接下来，新项目应该也需要找合作伙伴，如果能拿下这个新项目，那比现在这个合作提升一点价码要划算得多。

于是，在接下来的谈判中，对方要求如果新项目要找合作伙伴，要优先考虑他们，如果小磊接受的话，可以按原条件签约。最终，双方成功达成合作。

小磊显然是一个说话高手，他知道如果在谈判桌上直接说接下来的新项目可以和对方合作，对方可能会觉得小磊是在开空头支票。吃饭时不经意间透露的消息，反而让对方觉得真实，于是才抢着要和小磊合作。

1. 透露信息时不可以表现出强烈的意愿

当我们表达出强烈意愿时，对方往往会产生戒备心理，认为我们是带有某种目的的，对我们说的话也会产生一定的怀疑。为了让对方能够对我们说的话深信不疑，我们只需要在不经意间透露消息，甚至故意说自己只是随口一说，没必要太当真，对方反而会更容易相信。

2. 用碎片化的信息让对方自己去拼凑

人们一般对看不太清的东西有着强烈的好奇心，就像是犹抱琵琶半遮面，

会让人有一窥全貌的冲动。如果我们能够在不经意间透露一些信息，让对方去拼凑碎片化的信息，就能够引起对方的兴趣，并让对方觉得这个信息准确无误，因为这是他们"推理"得出的，而不是你主动告诉他们的。

利用好不经意间透露出的信息，我们就能够让别人在潜意识里形成我们希望他们得到的信息，这比我们自己强调多少遍更管用。人们一般会怀疑别人的话，但不会怀疑自己得出的结论，所以说话高手要善于利用这一点来让对方相信自己。

提出一些困难，让对方改变观念

在人际交往中，观念的冲突屡见不鲜。正所谓"隔行如隔山"，很多人之所以会对他人提出很不合理的要求，并不是他们真的想刁难，而是他们并不知道自己的要求过分。所以，要想让他人改变观念，耐心沟通、坦诚相告我们遇到的困难，才是正确的解决之道。

> 一位快递员在给客户送快递时，客户说他不在家。于是，快递员问可不可以将快递先放到快递驿站，等客户回家之后自己去快递驿站取。客户表示他买的东西比较多，希望快递员还是能够送货上门。快递员说这两天正是各大电商平台搞活动的时间，每天的快递数量有很多，根本送不过来。而且要卡在双方都方便的时间投送，更不一定能送达。在一番解释之后，客户知道了快递员的困难，最后答应让快递员先把东西放到了快递驿站。

所以，在和别人交流时，应该把别人当成完全不了解我们行业或者对我们所谈论的内容知道得并不多的人，这样一来，我们就不会因为对方"什么都不懂"而感到气愤，也会很耐心地和对方讲解。即便对方一开始想法不对，在听了我们的解释后，也会有所改变。

1. 耐心解释，就可以避免争吵

无论什么时候，故意为难我们的人其实并不多，大多数时候是因为彼此之间存在"信息差"，导致了观念不同而产生想法的冲突，进而爆发争吵。只要我们耐心解释，让对方逐渐转变观念，就可以避免很多不必要的争吵。

2. 知难行易，要让别人知道我们的困难

当别人提出不合理要求时，我们要主动将困难告诉对方，让对方明白他们给我们带来了大难题。这样，他们才会改变想法，不为难我们。很多事情是因为"不知道"才产生了不合理，要让别人知道虽然比较难，但我们还是要努力解释，尽量让对方知道。

俗话说"温柔天下去得"，我们在遇到问题时要和和气气地向别人诉说我们所遇到的困难，让他们知道他们的要求并不合理。说话高手就是这样，能引导他人主动转变观念，而不是强行要求他们怎么做。

为什么不大胆尝试，或许那样可行

大多数人喜欢坚持自己的观点，所以当有人来劝说时，他们很难听得进去。说话高手在劝说别人时，往往会用"为什么不"来表达。比如，"为什么不试一试""为什么不变一变"，对方就可能会抱着试试看的心态去尝试，说不定就会发现一条更好的路。

某工人在工作的过程中总是能够创造出新的工作方法，提高工作效率，并因此成为劳动模范。他在教其他工人时，因为别人固有的观念比较难转变，他就经常会告诉他们"为什么不试一试呢？行不行，试过以后才知道"。就是这样的说法，让别人有了试一试的冲动，并最终发现了更好的方法。特别是在他要创新一种工作方法时，这句话更是成为他挂在嘴边的话。这也让他总是敢于去大胆尝试，成为工厂里创新工作方法的第一人。

实践是检验真理的唯一标准。理论上行不行得通不是最重要的，去真正试一试、做一做，才知道行不行。我们在劝说别人时，不需要说我们的方法一定行、

一定好，但我们可以劝他们去试试看。这样说，反而更容易打动人心。

1. 提出建议，而不是提出意见

人们习惯于坚持己见而不愿意听从别人的意见，因为意见会让人觉得像是犯了错，这样就更不愿意去改变。所以，在交谈时，我们不要把话说得太满，要留有余地，比如仅作建议，以一种无攻击性、易于让人接受的方式让其一试。

2. 多用"为什么不"来表达，让别人愿意去尝试

当我们说出"为什么不……"时，对方会有想要按我们说的去尝试一下的念头。只要他们肯尝试，就会发现我们的建议不错。我们没有改变他们的观念，而是用事实告诉他们，这样做也可以，而且这样做可能会更好。这种"为什么不"的句型本身就有足够的诱惑力，让人忍不住想要去尝试。

当我们要改变别人观念的时候，会面临很大的难题。因此，我们要多使用一些技巧，委婉地表达出我们的想法，给别人提出建议而非意见。多用"为什么不"来表述，相信你会有意想不到的收获。

用潜在的需求刺激对方的痛点

当人们有某方面的需求时，这个需求就会成为他们的痛点。而当一个人有某方面的需求却并不知道自己有这方面的需求时，这种需求是潜在的，我们要做的就是让他们明白这种需求的存在以及会给他们带来的好处。一旦对方意识到，这种需求便能转化为新痛点，从而被打动。

近年来，国产汽车于国内乃至全球市场热销，尤其是国产汽车的高级智能驾驶功能，极大地颠覆了人们对智能驾驶的认知。在问界汽车销售中心，销售员滔滔不绝地向顾客介绍他们所采用的华为高阶智驾的优势。

以前，智能驾驶根本连想都不敢想，那似乎是只存在于科幻电影中的东西。而华为的高阶智驾，则让智能驾驶成为每个人都可以享受到的科技成果。

以前没有人有智能驾驶方面的需求，而现在人们在购买汽车时，往往会优先考虑智能驾驶的问题。这就是华为智能驾驶创造出的全新痛点，将用户的潜在痛点激活了。销售人员通过讲解和试驾，让用户发现了智能驾驶这个潜在的痛点，从而让问界汽车的销量持续走高。

以前有人讲故事说，某个地方的人从来不穿鞋子，后来一个卖鞋子的人让他们知道了穿鞋子的好处，并在那里创造了惊人的销量。这个故事无论真假，都说明潜在痛点的重要性。和别人交流时，如果我们可以利用对方的潜在需求，创造出新的痛点，那么我们就可以打动他们。

1. 很多痛点一直存在，只是没有人去挖掘

很多痛点其实一直都存在，只不过人们不知道而已。在与人交流时，我们要让对方知道他们存在这方面的潜在痛点，只要他们能意识到这一点，我们就能说服他们。

2. 解决痛点，才是我们挖掘痛点的目的

提出问题，是为了解决问题。同样，如果我们挖掘出了一个痛点，就要解决这个痛点，这样别人才会相信我们。例子中的问界汽车通过华为的高阶智驾，解决了智能驾驶的问题，所以用户才会愿意购买这款汽车。

各行各业都存在痛点，在人们的思想观念中，也存在不少的错误和盲点，我们要想说服别人，就可以将这些痛点挖掘出来。通过解决这些痛点，让别人相信我们，也能让他们产生全新的认知。

找到合理的理由去做事

当你真正想要做一件事的时候，通常会有合理的理由，不然你就没有足够的动力去做，而且也很难坚持做下去。要改变别人的观念，让别人坚定地去做某件事，也同样要给出合理的理由，让他们认为这件事是有意义的，是必须要努力去做的。

某公司董事长准备搞一个科研项目，研发自家的一项技术。旁人都

感到很纳闷，觉得搞科研费时费力，而且还不容易出成果。与其自己费时费力地搞科研，不如花钱买大公司现成的技术。

董事长却告诉他们，如果只是想做一个小公司，有没有自己的技术都没关系，但如果想成长为一家大公司，自己的技术是不可或缺的。现在公司虽然不大，但也要为长远的发展打算，只有这样，才会有大前途。

听了董事长的一番话，大家都觉得有道理。老跟在别人身后亦步亦趋，肯定没法发展壮大，得靠自己才能闯出一片新天地。于是，公司全体齐心协力，埋头研究自家的技术，最后真的就发展起来了。

当不知道为什么要做某件事时，我们就不会太用心。但是，当发现它的意义后，我们就会全力以赴，生怕自己做得不够好。说话高手就懂得用合理的理由改变人们的想法。

1. 一个合理的理由，胜过千言万语

有些人说话做事会让人觉得奇怪，甚至有些不可思议，在你知道他们的理由之后，你会觉得一切合情合理。在说话时，与其向别人解释很多，不如告诉他们为什么要这样做。当别人知道了理由时就会理解，他们的观念也会被改变。

2. 不但要说，还要身体力行去做

要想改变别人的观念，不但要说，还要身体力行去做，让别人知道我们并不只是说说而已。

合理的理由是认真做事的前提，也是能够让别人转变观念的前提。所以，如果能将合理的理由告诉别人，并让他们理解，我们就可以轻松改变他们的观念了。

把选择权交给对方

在和他人交流时，不要随便替别人做决定，因为每个人都希望自己是独立自主的人，所以要将选择权交给对方。这样，他们才会愿意听我们的，也不会觉得我们不尊重他们。

说话高手

小张在工作中遇到了不顺心的事情，就不想再工作了，准备找经理辞职。在询问了小张想辞职原因后，经理并没有马上答复他，而是语重心长地对他说："小张，我知道现在的年轻人做事喜欢随心所欲，但我还是想告诉你，有一份不错的工作是很不容易的。这两年经济形势不太好，如果你放弃了这份工作，再想找到一份合适的工作不是那么容易。你刚才说什么'世界那么大，你想去看看'，别听信网上的那些话，如果没有了收入，世界再大，你也很难有机会去看。一个人应该先想到生存，然后才是其他的。这样吧，我给你放一周假，你好好休息一下，想一想。如果一周之后，你还是想辞职，我不拦着你。"

小张觉得经理的话很有道理。在休息了几天之后，他彻底想明白了，确实应该以生存为重，而不能头脑一热就辞了工作。经理见小张回心转意，也很是欣慰。

通常，说话高手在说话时不会替别人做决定，而是会将选择权交给对方。这样，对方就不会有被操纵的感觉，其自尊心得到了保护，主观能动性也会被调动起来。

1. 高手从不替别人做决定

替他人做决定，往往会受到他人本能的抵制。这个决定本没有错，而是人们觉得这不是他们做的决定，所以就想抵制它。正所谓"快马不用鞭催"，让他人自己做决定，比我们替他们做决定要好得多。

2. 充分尊重他人的决定

不管他人的决定是否符合我们的预期、是否正确，我们都要对他们的决定表示尊重。因为生气、横加指责，除了会破坏彼此的关系外，没有任何作用。当我们尊重他们的决定时，反而有机会再提出建议，能对他们有帮助作用。

转变他人的观念是一件不容易的事情，替他人做决定更是大忌。所以，当他人做决定时，我们要尽量向他们解释清楚，把选择权交给他们，让他们做出正确的决定。当他人做了错误的决定时，我们不要生气，更不要翻脸，以后再找机会帮他们改正就可以了。

第七章

说话是一种心理博弈，高手能够做到战无不胜

　　说话就像下棋，每个人的话语都是在落子。高手说话，能够通过心理的博弈，战胜对方，让对方转变观念，跟着自己的思路走。而要成为战无不胜的说话高手，就要学习一些方法。

说话高手

高手说话往往懂得后发制人

人们常说"先发制人，后发制于人"，但说话之道则不同。先说话的人通常会把自己内心的想法和底牌暴露出来，后说话的人就可以坐收渔翁之利，轻松取胜。

在一次竞标活动当中，好几家公司在竞争。其中有一家公司的人特别聪明，只见他一言不发地坐在那儿听其他几家公司的人在争论。等他把这些公司的情况都了解清楚了，也知道了他们的底牌时，他才说出了自己的条件，亮出了自己的底牌。其他公司的人一听就傻了，因为他的条件其他几家公司根本比不了。就这样，最后发言的这家公司顺利拿下了这场竞标。

说话不是越多越好，而是越精越好。当你率先发言时，你根本不知道对方是什么情况，他心里面在想什么、有什么底牌，那么你说错话的概率就会大大增加，不利于交流。如果让对方先讲，然后根据他的话去判断他的情况和底牌，我们就有很大的机会后发制人，在谈话中掌握主动权。

1. 要沉住气，等机会再说话

说话高手一般都很能沉住气，该说的时候说，不该说的时候不说。他们能沉住气，会等到合适的时机再说。

2. 先摸清对方的底牌，再亮出自己的底牌

就像例子中那样，先等其他几家公司在争吵时摸清他们的底牌，然后再开出更好的条件，亮出自己的底牌，就能形成"绝杀"的局面。我们在聊天时，先摸清对方的底牌，如果确定自己的底牌比对方好，那就亮出来，肯定能赢；要是发现自己的底牌不太好，因为已经知道了对方的底牌，所以我们还有缓冲和调整的时间，就能把话说得更好一些，甚至还能反败为胜。

说话高手都很沉稳，在谈话时就像"任凭风浪起，稳坐钓鱼台"一样。先让别人说，自己最后再说关键的话，这样每次都能让自己处于不败之地。

沉着冷静方能战胜对手

与人交谈时，不紧张才能发挥得好，沉着冷静才有可能超常发挥。那些说话高手，总是能够保持冷静的状态，而不会受到外界的干扰。

> 经理在外地出差回不来，就让梅女士代替他去和一家公司谈合作。对此，梅女士忐忑不已，准备时间仓促，但好在相关资料是由她整理的，还算有一点底。
>
> 于是，梅女士鼓起勇气坐到了谈判桌前。对方一见是梅女士，不太高兴，认为不被重视。梅女士连忙表示自己一直负责相关事宜，对双方的情况也比较了解，是此次谈判的合适人选。对方这才勉强坐了下来。
>
> 在谈判的过程中，对方数次刁难，梅女士都化解了。她不断地提醒自己要沉着冷静，凭借着对资料的熟悉以及对双方的了解最终成功达成了合作。对方对梅女士的表现大为赞赏，不仅一改轻视态度，还主动和她握手致歉。

在各种谈话场合，只要你准备充分，基本可以应对自如。你需要做的只是保持冷静的态度，沉着应对一切突发状况。

1. 准备充分就不会慌张

当我们对一件事准备充分时，我们就不会慌张。就像例子中的梅女士，正是因为有所准备，才能做到沉着冷静。若事先毫无准备，沉着冷静便无从谈起。因此，无论是日常交流还是重要谈判，充分准备都应是我们的首要任务。

2. 用自己掌握的内容来化解危机

若在谈话中遭遇危机时，我们所掌握的知识与信息便是化解危机的利器。沉着冷静能让我们的思维保持敏捷，从而迅速想到应对之策。因此，不管面对什么情况，我们都要保持冷静。

真正能做大事、成为说话高手的，往往是那些沉着冷静的人。所以，在日常生活中，我们应该多修炼自己的心态，无论面对什么样的人，遇到什么样的状况，都应始终保持沉着冷静。只有这样，我们才能发挥得更好，才能战胜一切对手。

天塌不惊的心态助你成功

古人云:"泰山崩于前而色不变。"具备这样心态的人,是能够做大事的人。如果你能够拥有这样的沉稳心态,就可以在和任何人的博弈中获胜。

某位作家因为写了一部知名小说变得非常有名气,很多人喜欢他。作家举办的粉丝签售会,场场爆满。

但是,网上也流传着一个说法,说这位作家的小说是别人代写的。虽然作家已经予以否认,但还是有不少人会这样说。在一场签售会上,突然有人从人群中冲出来,大声地质问道:"你的小说确实写得很好,但能不能告诉我,是谁替你写的?"

原本热闹的现场顿时安静了下来,大家都想听听这个作家是怎么回答的。只见作家并没有直接回答对方的问题,而是笑了笑反问道:"谢谢你对我作品的肯定,但我也想知道,是谁替你看的呢?"

人群中顿时爆发出雷鸣般的掌声,而那个刁难作家的人在看到他的心态如此沉稳后,只好灰溜溜地离开了。

孟子很擅长与人辩论,但他却说:"予岂好辩哉?予不得已也!"其实,很少有人喜欢与别人辩论,但有时候就是不得已,不得不和别人辩论一下。因此,我们在与人辩论时,要有很沉稳的心态,能够做到天塌不惊。当你做到了这一点,就已经成功了一半。

1. 摆正心态,跳出别人的"主场"

当我们和别人交谈时,别人可能会故意提出一些问题,让我们下不来台,给我们制造一些困境。这时,我们要摆正自己的心态,不受他们的影响,跳出他们的"主场",让自己掌握主动。

2. 忘记输赢，发挥自己的长处

只有忘记了输赢，才能将力量发挥到极致。当我们不去计较输赢，只是将自己的长处尽力发挥出来时，我们才更容易获胜。例子中的作家，其实并不是在和故意刁难他的人辩论，他并不解释，而是机智地反问回去。他淡定的心态，机智幽默的语言，令人佩服，赢得了人们的掌声。

当你在面对任何事情都能保持沉稳的心态时，你就已经非常强大了。很多时候，说话的技巧都差不多，差的就是心态。当你的心态足够沉稳时，你就有更大的概率获胜。

人心善变，灵活应对才能始终常胜

人们的想法总是在随时改变，因此，我们要懂得人心善变这个道理，并且在说话的过程中灵活应对，才能说出令对方满意的话，达到常胜不败的状态。

一位顾客想买地板砖，便走进了一家店里。顾客询问了老板地板砖的材质，然后问有没有质量好、不容易出现划痕、不易破碎的地板砖。老板便按照顾客的要求，介绍了几款价格较高的地板砖。顾客想了想，又问有没有样式好看一点的。老板便介绍了几款带花纹的以及复古风的地板砖，价格不低，但材质不如刚才那几款好。顾客还是想要买质量更好一点的，但又觉得价格有点高。老板表示如果顾客想购买好看的那几款，可以适当打点折扣，质量虽然不是最好的，但也完全能用；如果想要质量特别好、价格又低的，不太好买到。听了老板的话，顾客这才下定决心，在老板介绍的那几款地板砖中选择了一款。

人心都是善变的，特别是人们在购物时可能一会儿一个想法，总想买到物美价廉的商品。为此，例子中的老板根据顾客的要求，不断推荐产品，最后在灵活应变之下，帮助顾客下定了决心。

1. 在面对善变的人时，不要觉得意外

在面对善变的人时，很多人会感到无所适从。其实，大多数人更欣赏有主见、不善变之人。但如果在日常生活和工作中遇到善变的人时，我们不要觉得意外，心平气和地应对才能让谈话正常进行下去。

2. 灵活应变，但要以达到目的为标准

在面对善变的人时，要灵活应变，多顺着对方来说。但是，为了达到目的，也不能一味地顺着对方，有时候要主动让对方下定决心。就像例子中的老板，在顾客提出不可能的要求时，及时提醒对方，让他下定决心做出选择。

说话高手是能够根据实际情况灵活应变的，即便是人心善变，也不会让他们感到手足无措。其实，当你遇到的人多了，遇到善变的人多了，你就能学会如何去应对他们。只要我们跟着他们去改变，并始终牢记谈话的目的，我们就能赢。

一针见血，不被假象迷惑

语言常常具有迷惑性。若他人说的全是假话，反倒容易辨别；半真半假的话，尤其是很多句真话中夹杂着一句假话，就不好分辨了。说话高手不会被别人制造的假象所迷惑，而是能够一眼看穿本质。

某车企很擅长做营销，在新车发布之前，网上都是它的广告，连很多不关注汽车的人也知道有新车要发布了。新车发布后，该车以及相关内容也天天登上微博等平台热搜。这样的营销手段，是其他车企难以企及的，很多外行以为这家车企的新车销售火爆。

这家车企和一家配件商在谈合作时拿出了各种数据，如一小时有多少万辆大定、众多自媒体博主的夸赞等。但配件商不为所动，只是淡淡地问了一句："一个月上牌量是多少？"这家车企人员立刻就不说话了。配件商也没再追问，因为对方的沉默已经说明了一切。最终，配件商在合作中争取到了最大利益，就是因为没有被对方的虚假信息

所骗。如果误以为对方很厉害，可能会为了促成合作而疯狂让利，那就吃亏了。

网络上充斥着很多虚假信息，互联网营销远比电视广告更容易造假。谈话时，如果数据来自网络，我们一定要多留个心眼，仔细辨别真假。不被假象所迷惑，才能在谈话时占据主动。

1. 多留个心眼，降低被骗的概率

有不少人被假象欺骗，是因为缺乏怀疑意识：一看到大企业，就觉得一定可靠；一看到有专家、教授、名人站台或背书，就觉得一定不会有错。其实，任何时候，我们都要留个心眼，不要轻易相信他人，如此才能减少被骗的概率。

2. 戳破对方的谎言，不必多言，更不必追究

谈话时，如果看穿了对方的谎言与假象，可以选择直接点明，但不要说太多，也别追究责任。只要对方知道骗不到我们，我们就已经占据了上风。他们之所以想要迷惑我们，就是为了占据上风，一旦被识破，他们自然处于劣势，我们根本不用多说什么。

有生活阅历的人，通常看问题比较透彻。如果你眼光敏锐，自然很好；如果眼光不佳，平时就应该多了解一些时事，多看新闻，增加自己的阅历，让自己更具洞察力。

第八章

真正有效的说话是为了达到目的

　　说话并不是单纯为了客套，大多数时候是带有一定的目的的。可以说，真正有效的说话是为了达到目的。我们在说话的时候一定要牢记我们的目的，而不要在话题中迷失方向。

说话应追求达到目的

很多时候，说话是为了达到一定的目的。不管你的语言朴实也好，华丽也罢，都是为了达到目的服务。

祁红是一家服装店的销售员，很会说话。在顾客来店里看衣服时，她总会先问："您是自己看一看，还是需要为您介绍一下？"如果顾客想要自己看一看，她就会站在一旁，让顾客自己看。当顾客需要帮忙时，她才会上前搭话。比如，她会根据顾客的身材气质，为顾客搭配服装。很多顾客非常喜欢她，也经常会来照顾她的生意。

例子中的祁红会根据顾客的喜好去说话。当顾客需要她介绍时，她就上前介绍；当顾客想自己看时，她会安静地站在一旁。但无论说不说话，她总是能达到销售的目的，这才是她高明的地方。

1. 判断对方的喜好，才能投其所好

我们要想达到目的，自然要迎合对方的喜好，说出对方喜欢听的话。如此，我们先要判断对方的喜好，然后再投其所好。

2. 投其所好，只为达成目的

投其所好只是为了让对方开心，而对方开心我们就更容易达到目的。开心只是手段，达到目的才是根本。我们的目的可以是对方听从我们的建议，也可以是实现销售目标、达成合作等，不管目的是什么，我们都要让这个目的达到才行。

当一个人开心的时候，一般是最好说话的时候，对别人的防备心也会降低，也更容易达成我们的目的，最后皆大欢喜。

多说积极正面的话，才能起作用

在交流时，为了达到目的，我们应该多说积极正面的话，这样才能推动事

情的进展，起到真正的作用。

　　一家小公司正处在发展初期，想与一家大公司合作，引进其先进的设备和技术。但是，大公司看不上这家小公司，不想与之合作。这家小公司并没有气馁，将公司的相关信息和产品清单以邮件的形式发送给大公司。

　　大公司很快予以回应，指责其信息轰炸，并强烈要求小公司不要再发送类似的邮件。小公司解释说自己只发了一次邮件，因为内容有点多，才拆分成多份发送。见大公司的人脸色稍缓后，小公司的人又拿出了纸质资料，趁机介绍起自己公司目前的情况和产品，并表示他们完全有能力和大公司合作。大公司的人看他们如此执着，就被他们的精神打动了，也看出他们确实具备合作的能力，便答应了与他们合作。

常言道："你只管努力，剩下的交给天意。"其实，我们在说话办事的时候，就应该尽全力去做，至于能不能成，努力过才知晓。说话也应该多说积极正面的话，也许下一句话说完，事就成了。

1. 正面的话即便是一句，也是正向的推动

当遇到简单的事情时，我们通常会比较放松，因为心中有把握；当遇到困难的事情时，我们心里没底，可能就会打退堂鼓。无论难易，我们都应该多说积极正面的话，因为哪怕只是一句，也有正向的推动作用，多说几句，或能成事。

2. 精诚所至，很多事情都能办成

当我们总是说积极正面的话，没有人会不为所动。我们的诚心会感动别人，他们会更愿意给我们机会。就像例子中的小公司，虽然遇到了困难，但没有选择放弃，而是用坚持和诚心打动了大公司，最终促成了合作。我们总说积极正面的话，就能显出我们的诚心，还能打动别人，办成那些比较困难的事。

天下的很多事，贵在坚持。无论我们遇到什么事，只要我们多说积极正面的话，就有可能将事情朝着我们期望的方向推进。

说话高手会用故事打动人心

故事往往很容易引发他人共鸣，触动其心灵。正因如此，说话高手经常会用故事来打动人心。人们不但会记得那份感动，还会记住那个故事，甚至有可能使之成为被传颂的典故。

比亚迪创始人王传福在一次演讲中讲述了比亚迪的故事。他说："我清晰地记得，2017至2019年，比亚迪连续三年利润大幅下滑。尤其是2019年，净利润只有16亿元。但在研发投入上，那一年我们还是咬紧牙关，投了84亿元。很多人笑我，这是在烧钱。但我们深知，要把车做好，要想发展新能源，没有核心技术是不行的。技术的研发是科研自立自强的新长征。不管是技术路线的选择，还是研发费用的投入，在技术研发这一条长征路上，我们一直在坚持。曾经我们也怕等不到春天，更怕对不起所有的员工和一直支持我们的朋友。2019年是比亚迪最艰难的一年，当时比亚迪只有一个目标，就是活下去。背后的辛酸和不易，只有我们自己清楚。这一条路虽然难走，我们仍然坚持走了20年。这是比亚迪造车的故事，也是中国品牌造车的缩影。"

王传福的故事感动了在场的所有人，也感动了无数网友，人们都记住了比亚迪的艰难成长，也为中国汽车的发展感到骄傲。

说话高手一般都擅长讲故事，因为真挚的故事更能打动人心。特别是那些亲身经历的真实故事，更具有震撼力。王传福或许不算是一个说话高手，但他讲述的真实的故事足以打动人心。

1. 讲有哲理的故事，用故事讲述道理

人们通常喜欢听一些简短的故事，用小故事来阐述大道理，比直接讲述道理更有效。说话高手平时可以多积累一些有哲理的小故事，到合适的时候，就可以将这些故事讲出来，打动别人的心。

2. 亲身经历，最具感染力

除了积累一些简短的小故事，我们还可以讲一些亲身经历，就像例子中的

王传福那样。亲身经历真实且不用刻意去记。如果你有丰富的经历，都可以在适当的时机讲出来。真实本就更具感染力，轻易就能打动人心。

我们要有讲故事的意识，能讲时就多讲，这样既能引起他人的兴趣，又能阐述道理、赢得共情、打动人心，是非常不错的方式。说话高手擅长讲故事，所以他们无论是在演讲还是日常交谈中都很吸引人，也很能打动人。

让对方知道你是专业的

我们要达成目的，将事情做成，只打动人心是不够的，我们还应该有足够的能力。因此，让对方知道你是专业的，这一点也非常重要。当你具备专业的能力时，你说的话也会更有分量。

> 一位顾客到营业厅办理宽带业务。在选择宽带的时候，他询问业务员装多少兆的合适。业务员告诉他，如果是家用，几十兆就够用，不过现在有活动，装一百兆的宽带和几十兆的宽带的价格一样，建议选择装一百兆的宽带。
>
> 但是，顾客担心装一百兆的宽带不够用，还说以前家里就装的是一百兆的宽带，结果经常出现卡顿的现象。业务员便询问他使用的是什么样的网线。顾客从来没考虑过网线的问题，一时答不上来。业务员就耐心地和他解释说，一百兆的宽带最好用千兆的网线，这样网速才能够充分被发挥出来，平时使用完全没问题，基本不会有卡顿的情况。业务员还告诉他，要选择好一点的路由器，因为路由器的好坏对网速也会有影响。
>
> 在听了业务员专业的回答后，顾客这才放下了顾虑，按照业务员所说的办理了宽带。果真，家里的网络再也没有出现过卡顿现象。

在交流的过程中，如果你能表现得很专业，对方就会对你有信心，更愿意相信你；如果你表现得不怎么专业，甚至还不如对方知道得多，对方就会怀疑你，不相信你。因此，我们在交流时一定要表现得很专业，这样才能起到事半功倍的效果。

1. 使用专业的术语，让你显得更加专业

在交流时，使用一些专业的术语，会让人显得更加专业。一般人虽然懂得一些原理，但不一定会使用术语。当我们随口说出一些术语时，他们会感觉我们很专业，从而相信我们。

2. 懂得比别人多，才会显得专业

专业的人一般都懂得比别人多，要具备专业的知识和能力，否则专业性就会遭到质疑。因此，我们要让自己懂得更多。

3. 用专业的能力解决问题，使人信服

我们不但要说话专业，做事也要专业，能够帮别人将问题解决掉，这样才能真正让人信服。例子中的业务员确实帮助顾客解决了问题，最终令顾客感到满意。

专业的人更容易让人产生信任感，我们要用专业的术语包装自己，用专业的知识和能力武装自己。当我们成为专业的人时，我们所说的话就更具说服力。当然，最后我们还要帮忙解决问题。

用身体语言增强感染力

与口头语言一样，身体语言同样具有感染力，有时候甚至比口头语言的感染力更强。如果能够在说话的时候，用身体语言辅助表达，你的整体感染力会更强，更容易引起别人的共鸣，从而达到你说话的目的。

一个人在学习演讲，但是他的演讲总是缺乏感染力。于是，他去找演讲老师请教。演讲老师告诉他，在演讲时虽然他说得抑扬顿挫，但他忘记了将身体动作配合到位，如此才能拥有更强的感染力，引起听众的共鸣。老师给他看了一下演讲名家的录像，并指出，这些演讲名家通常会用到一些肢体动作，有的甚至还很夸张，这让他们的演讲

感染力大增，让听众产生强烈的共鸣，有的甚至跟着他们一起呐喊、欢呼。

听了老师的话，他开始着重练习肢体动作。最终，他的演讲感染力果然变得更强了。

由此可见，身体语言很重要。无论在演讲中还是在平时的生活和工作中，我们说话时如果能够配合上合适的身体语言，就可以提升我们的感染力。

1. 用手势来调整自己的节奏，做出一些动作

有的人在说话时，特别是上台讲话时，不知道将手放在哪里，于是整个人会显得局促不安。此时，我们可以用手势来调整自己说话的节奏。我们还可以在讲到一些内容时，做出一些手势动作来增强我们的表达感染力。

2. 合适的面部表情，也能让你讲话时的感染力更强

有些人的面部表情十分丰富，他们会做出吃惊、惊喜、伤心、愉快、微笑等表情，让他们在讲话时感染力十足。我们可以在平时注意自己的表情管理，也可以对着镜子练习面部表情。当我们做出很多面部表情，并能让这些表情配合我们说话时，我们讲话时的感染力就会变得很强。

3. 突然的强有力动作，能够振奋人心

在说到激动人心的内容时，如果我们能突然做一些强有力的动作，能够起到振奋人心的作用。比如拍案而起发出一声惊叹，攥紧拳头比出加油的动作，突然伸出手和对方握手等。在合适的时机做出一些动作，从而让你的语言有更强的感染力。

身体语言是很重要的语言，我们应该充分重视身体语言，并将身体语言和口头语言相结合。这样，我们说话时的感染力将会成倍地提升，我们也会成为真正的说话高手。

第九章

把否定变成肯定，
在不可能中创造可能

在交流的过程中，被人否定是很有可能会遇到的事。如果被人否定了，你是心灰意冷，还是想办法将否定变成肯定，在不可能中创造可能呢？说话高手通常会选择后者。

破除对方的成见，就能改变他们的观点

每个人或多或少都会有成见。它受一个过往的经验、成长环境及所受教育等因素影响，在未了解全面事物时就形成的固有看法。如果我们和别人谈论的事情，正好是别人有成见的事，那么将对我们极为不利。可能我们刚一开口，对方就已经开始反感了。只有想办法破除对方的成见，我们才能够改变他们的观点，进而实现我们的目的。

最近汽车的价格一直在下降，小姜的朋友于是打算换一辆新车，便和小姜谈论起买车的事情来。小姜建议购买新能源汽车，还滔滔不绝地介绍起了几款新能源汽车。朋友根本没有听他说什么，直接说了一句新能源汽车冬天的续航不行，就把小姜的嘴给堵住了。

但小姜并没有气馁，而是耐心地告诉朋友新能源汽车续航不行，那是以前。现在的新能源汽车是油电混动的，根本不需要担心续航的问题。不仅不用担心续航，而且百公里油耗比传统的汽油车还要低很多。就拿L这款车来说，它的百公里油耗只有2升多，满油的状态下续航里程能达到两千多公里。朋友顿时惊呆了，直呼不可能。小姜立即用手机搜索了一下相关数据给朋友看，朋友这才相信了。

在破除了朋友对新能源汽车的成见后，小姜的朋友最后购买了一款新能源汽车，而且越开越喜欢。

人们经常会被自己的成见困住，不能接受和自己想法不同的意见。如果我们不能破除他们的成见，那么无论我们说多少话，他们都会当成耳旁风。例子中的小姜用汽车的实际参数让朋友破除了成见，这也正是他能劝动朋友的关键。

1. 破除成见需要拿出强有力的证据

要想破除他人的成见，空口无凭，我们还是应该拿出强有力的证据。像官方数据、真实案例，这些都是强有力的证据。我们只有多拿出一些证据，才能破除他人的成见。

2. 破除成见需要循循善诱，不能太着急

要想改变一个人的观念是比较难的，所以千万不能着急，要有耐心，慢慢引导，最好能让对方自己想通。如果对方没想通，我们也应该给他们一些思考的时间，而不是和他们争吵。

破除成见不是一件容易的事，如果不是有强烈的需求，很少有人会愿意破除他人的成见，因为此举容易引起争执。但在交流的过程中，为了扭转局面，说话高手通常会敢于挑战成见，将"不行"变成"行"。

积极行动起来，打破"不可能"的想法

当你认为一件事不可能做成时，一般你就真做不成，因为你有这样的想法就不会认真去做。无论在什么时候，我们都不要被"不可能"的想法束缚。只要你积极行动起来，一切皆有可能。

一个中年人带着自己的孩子找京剧名家拜师，但是这位京剧名家表示自己已经不再收徒弟了。换作一般人，可能碰了钉子立马就灰溜溜地走了。这个中年人却很会说话，他告诉京剧名家，他很喜欢听戏，是这位京剧名家的忠实听众。他的孩子在他的耳濡目染之下也喜欢上了京剧，还会模仿电视里的京剧名家。他还说这孩子很有天赋，如果就这样浪费了，实在可惜，所以才带孩子来找他拜师。说完，他就让孩子当场来了一段。孩子唱得很不错，这让京剧名家动了收徒的心思。在多番考量下，京剧名家最终答应了中年人的请求，收下了这个孩子。

一般人在遇到不可能的事情时，想的是知难而退，但说话高手往往想到的是迎难而上，想办法将"不可能"变成"可能"。例子中的中年人很会说话，而且用积极的行动打动了京剧名家，所以才能达成所愿。

1.不要被"不可能"吓倒，只要打破"不可能"就可以

世界上有很多看似不可能的事情，但它们并不是真的不可能，而是不太容

易做到。当我们遇到这种事情时，不要气馁，想办法将"不可能"打破，我们就能成功。

2. 积极行动起来

行动才能产生力量。为了将"不可能"打破，我们只说话还不够，还应该积极行动起来。例子中的中年人除了用语言劝说外，还让自己的儿子当场表演，并又带着儿子找了几次，这才使得京剧名家改变了想法。

如果我们心中有"不可能"的想法，我们就很难将事情办成。所以，我们要先打破心中"不可能"的想法，然后积极行动起来。一定要记住，在说话高手的字典里，没有"不可能"三个字。

每一个有素养的言行，都有可能改变结局

有素质的人到哪里都会被人高看一眼。即便遇到了困难，被人否定了，也应该表现出自己应有的素养，这样才能显现出高素质，并且让人产生好感。甚至有时候，一个有素养的言行能够改变结局。

有一个小伙子到一家大公司面试。经过一番交谈之后，面试官感觉他的能力不太强，便婉拒了他。小伙子表现得有些沮丧，但他还是对面试官表示了感谢。然后，他把凳子放好，转身离开。就在这时，他在走廊听到了流水的声音，便循声找去，发现厕所外面的水龙头没有关紧，水正哗哗地往外流。他随手关好了水龙头。一转身，他看到面试官正站在走廊上看着他，问他对公司有没有什么意见。小伙子说，意见倒没有，就是希望公司能够对员工们要求严格一点，别让他们浪费水资源。面试官当即表示公司很需要像他这样的人才，希望他能尽早来上班。小伙子感到很诧异，他从没想过自己竟会因为关了一个水龙头就通过了面试。

世界上什么事情都有，有时候一个不起眼的言行就能改变事情的结局。

我们应该在任何时候都保持自己的素养，用良好的言行给他人留下良好的印象，这有时候会给我们带来巨大的好处。

1. 平时多注意培养自己的素质，让良好的素养成为你的一部分

良好的素养不是表演出来的，否则在不经意间就会露馅。我们要在平时多注意培养自己的素质，让良好的素养成为你的一部分。

2. 在被否定的时候也不气恼，用良好的素养留下好印象

俗话说："买卖不成仁义在。"我们有可能会遇到被否定的事情，但即便被否定了，我们也应该保持良好的素养，不要气恼。这样一来，我们就可以给对方留下良好的印象，即便这次没能成功，下次也有可能会成功。而且，很有可能对方会因为我们的高素质，将否定变成肯定，就像例子中小伙子的经历一样。

良好的素养是每个人都应该拥有的，但是在被否定时，还能够保持良好的素养，就不简单了。说话高手情绪波动不能太大，即便是被否定了，遭遇了挫折或失败，我们也应该保持淡然。

每一个表达的机会，都要想好措辞

在交流的过程中，有时候你说话的机会并不会有很多，特别是被别人否定的时候，可能别人根本就不想听我们说话。因此，我们应该珍惜每一个表达的机会，要严谨措辞，表现得更好一些，不能出问题，更不能出乱子，还要尽量将否定变为肯定。

李海的电脑坏了，准备换一台新的。但由于一台配置稍微好点的电脑的价格动辄上万元，这让他有些望而却步。朋友周平认识一个修电脑的朋友，提议让李海把坏了的电脑拿过去看看，如果能修好的话，就不用再买新的了。

两人将电脑带到了修电脑的人那里。对方看了看，认为他的这台电脑已经有很多年了，配件也比较旧了，还不如换个新电脑。周平便

解释说:"现在电脑的价格太贵了,我手头有点紧张,还是坚持几年再说吧!"修电脑的人把电脑主机的盖子打开,让他们看了一眼:"你们看,这里面的灰这么厚一层,还是别修了,换新的吧!"李海看他不想修,故意说:"我看你不是怕麻烦,是技术不过关,修不了。"对方一下子就来劲了:"谁说我修不好的,这天底下就没有我修不好的电脑。你等着,我这就给你修好,修不好我倒贴给你钱!"说完,他便埋头修起了电脑。

李海和周平相视一笑,什么也没说。电脑修的时间虽然长了一些,但总算是修好了。李海向对方表示感谢,并且爽快地付了维修费,还夸奖对方修电脑技术很好。

当我们在被别人否定的时候,他们可能不会给我们多说话的机会。如果我们有一个表达的机会,就要想好措辞,确保能让对方被我们的话打动,这样我们才有机会改变他们。例子中的李海通过激将法成功地激起了修电脑的人的兴趣,同时也让他愿意为了证明自己的技术而去维修电脑。

1. 用能够快速打动人心的话来引起别人的兴趣

用一句话打动别人的心,你就能够有更多的机会,让对方再多听你说几句,最终改变想法。快速打动人心的话,往往具有新奇性,让人产生好奇。我们可以把话说得夸张一些,让别人有耳目一新之感,想知道我们说的到底是不是真的。他们的兴趣产生了,我们的机会也就来了。

2. 激将法有时候非常好用,在没办法的时候可以试试

俗话说:"请将不如激将。"激将法虽然简单,但很多时候是比较好用的。例子中的李海巧妙地使用了激将法,让修电脑的人来证明他的技术,达到了修电脑的目的。当我们刺激别人的时候,他们会因为好胜心,想证明给我们看,我们就可以让他们按我们所想的去做了。

在被否定的时候,每一个表达的机会都难能可贵,可能下一秒对方就转身离开了。因此,我们所说的每一句话都应该想好措辞,然后再说出口。说话高手会想办法用一句话引起对方的兴趣,或者通过激将法来让对方按自己的想法去做。

言简意赅，尽快展示自己

人们一般都不喜欢长篇大论的人，特别是在不愿意听某个人讲话的时候，长篇大论更会引起他们的反感。如果被人否定了，我们先不要说太多，言简意赅地将自己完全展示在对方面前，才有可能变否定为肯定。

战国时期，秦国攻打赵国，赵国的都城被围困，形势十分危急。赵孝成王便命令平原君赵胜到楚国求援。平原君准备在自己的门客当中挑选二十人和他一起去楚国，但经过一番挑选之后，只选出了十九人。这时，门客毛遂主动站了出来，说要跟着一起去楚国。平原君对毛遂的印象并不深，说如果是一个锥子放在口袋里面，时间久了，它的锋芒就会刺破口袋，露出来。但毛遂在他这里已经三年了，却没听说过有人说他才能过人。毛遂立即表示，如果平原君能早一点把他放在口袋里，那么他这个锥子早就扎出来了，何止是一点锋芒呢？一句话，毛遂就展示了自己，表示自己是有才能的人，只不过没机会施展而已。

平原君听了毛遂的话，立即变否定为肯定，决定带着毛遂一起去楚国。后来，也正是因为有毛遂在一旁帮助，平原君才成功得到了楚国的援助。

这是《毛遂自荐》的故事，正是毛遂言简意赅的一句话就将自己展示给了平原君，改变了平原君对他的看法，同意带着他一起去楚国。我们在遇到被别人否定的情况时，也应该像毛遂一样，言简意赅地展示自己。如果表现得好，一句话就可以扭转局面。

1. 用一句话将自己的意思表达清楚

用一句话就将自己的意思表达清楚，其实并不容易。我们在平时就应该多练习这种能力，用一句话来高度概括某件事。这样我们就会有很强的概括能力，在

说话高手

关键时刻能够用简短的一两句话来把我们想说的说出来,把我们自己展示出来。

2. 在展示自己时最好有气势

当你说话很有气势时,别人就会对你刮目相看。你的气势足,说明你有底气,别人自然不敢随便轻看你。我们要让自己有足够的气势,这样才能具备扭转局势的能力。

一句话的作用可以很小,也可以很大。在说话高手的口中,一句话就可以扭转整个局面,将否定变为肯定。我们应该在平时就锻炼自己的概括能力,真到了用的时候,就能用一句话展示自己,改变别人对自己的看法。

场合篇

说话一定要注意场合

第十章

在不同场合要用
不同的说话方式

当场合不同时,我们说话的方式也要有所不同。能够在不同的场合选择不同的说话方式,在任何场合都能应对自如,达到良好的交流效果,这才能称得上是说话高手。

说话高手

在公共场合说话时要深思熟虑、全面周到

在公共场合说话时，我们要做到深思熟虑、全面周到。因为很多人会听到，所以说话必须恰当才好。说话高手往往会考虑周全后再开口，以便保证自己的话不会被人挑出毛病，也不会引起他人的误解。

有个主持人在主持一场私人演出时，说话风趣幽默又周全，让台下的观众听得很舒服。在演出进行到一半的时候，坐在前排的一个观众将一张钞票叠成纸飞机，朝主持人扔了过去。纸飞机落在主持人脚下，主持人将其捡起来，朝台下问道："这位观众是要打赏吗？"台下有人搭腔。主持人便说："果然坐前排的观众就是有钱啊！"接着，他马上又补充了一句："当然，坐后排的观众也有钱！"这周到的语言，顿时引起台下观众的一阵叫好声。

说话全面周到其实是一种本事，它要求说话的人站在更高的角度去审视自己的话语，从而让自己的话说得滴水不漏。说话高手总是能够根据当时的环境，说出让所有人都高兴的话。

1. 说话时要顾及他人的感受

我们在平时说话时要注意顾及他人的感受，说出的话要让人听着舒服。当我们慢慢养成习惯时，即便到了人数众多的公共场合，我们依然能够说出恰到好处的话。

2. 当发现说的话没那么周全时，要立即进行补救

尽管我们在说话时已经很注意了，而且也养成了顾及他人感受的习惯，也难免会有说错话的时候。一旦发现自己的话说得不够周全时，就要立即进行补救。例子中的主持人在说了"前排的观众有钱"后立刻便想到这句话不够周全，于是赶紧补充了一句，成功进行了补救。

在公共场合说话周全的人，一般比较受欢迎。因为场合越大，对控场能力的要求就越高，想把话说得滴水不漏，很不容易。人们会觉得这个人很厉害，

自然也会更加认可他。

在饭局上说话时既要活泼又要有分寸

很多饭局一般不是单纯为了吃饭，而是为了交流。在饭局上说话，既要为了活跃气氛，说话要活泼一些，也要注意好分寸，不说让人尴尬或难堪的话。

多年不见的几个朋友凑到一起吃饭。席间，小李高兴地举杯，说这些年因为工作忙，他们几个人已经很久没能聚到一起。所以，为这次的相聚干一杯。小张说："你们几个都是忙工作，我却是家里的事情一大堆，一言难尽啊！"小王问："家里怎么了？"小张摆了摆手说："不说也罢！"小王便不再追问，只说："家家有本难念的经，其实大家都一样，谁家里也有不少事。"小郑说："哥几个工作都怎么样啊，还顺利吧？"

小李说："我就那样，整天忙，不过最近还可以，升了部门经理。"小王说："恭喜啊！我干了这么多年，还是个基层员工！"小张连忙安慰说："咱们其实都是打工人。这要是在以前，咱们可是工人爷爷！"大家都哈哈大笑起来。就这样，大家在轻松愉快的闲聊中结束了饭局。

在饭局上说话，一定要考虑到所有人的感受，既要活泼，又要有分寸感，拿捏得恰到好处，这场饭局的氛围就会很融洽。例子中的朋友聚在一起吃饭，每个人都照顾着彼此的感受，也在活跃着饭局的气氛，这样的饭局是难能可贵的。

1. 认清自己的角色，在饭局中说该说的话

如果是像例子中的朋友聚餐，其实没什么特别的角色，大家共同来维护饭局的气氛就好。但是在一些特殊的饭局中，每个人都要注意自己的角色。如果你是领导，那么你的话可以少一点。如果你是负责陪领导吃饭的人，那你需要活跃气氛，说些有趣的话题，让这顿饭吃得轻松愉快。如果你是被邀请的客人，则根据需要合理表现即可。

2. 说话有分寸，注意别让任何人难堪

无论职位高低、年龄大小，在饭局上都不应该让人难堪。因为让他人难堪，会影响整个饭局的气氛。因此，我们说话要注意分寸，要顾及他人的想法和感受。

3. 说错话或遇到状况要及时补救

在饭局上，无论是我们说错话，还是他人说错话，都应该及时进行补救。我们说错话时，在及时改正的同时，也可以自罚一杯酒。如果是别人说错话时，我们不要太过计较。如果有人故意刁难，我们也要从中适当调停。

只要知道自己该说什么、该做什么，找准自己的角色定位，我们就可以做到在饭局上从容自若。

在媒体上发言时要注意避免不良影响

媒体是面向大众的，以前网络没有现在这么发达，信息传播的速度和范围也有限。现如今，新闻一旦迅速扩散，几乎所有人能看到。因此，在媒体面前，无论是谁都要谨言慎行，避免因说错话而产生不良影响。

网上曾出现过这样一个视频。一位本地人在景点游览时，被问及这里有什么值得看的地方，他表示没什么好看的。当对方提及某个景点时，他更是认为那个地方很破旧，根本不值得一看。就在本地人觉察到对方是一个自媒体记者时，他立刻整理了一下自己的衣服和头发，换了一副严肃的表情，并要求重新拍摄。在接下来的拍摄中，他一改刚才的说辞，认真地介绍起了本地的各个景点，并对这些景点进行了一通猛夸。

很多人觉得这个视频很搞笑，但实际上这并不好笑，而是合乎常理。

在媒体前发言与日常交谈截然不同，并且，我们向陌生人展现的往往是最美好的一面，在媒体面前当然也是如此。

1. 在媒体面前展现美好的一面

我们应该在媒体面前展示积极的一面，探讨正面话题，传递正能量。因为媒体的受众广泛，我们所传递的正能量亦能广泛传播，所以这一点非常重要。

2. 避免掺杂个人情绪

有不少人喜欢在网络上宣泄个人情绪。此类言论发到网络上之后，有可能就会引起热议，并产生恶劣的影响。因此，在媒体面前说话，尽量不要带有个人情绪，要保持平和的心态。

3. 全面客观地看待事物，杜绝以偏概全

在认知世界的过程中，秉持客观全面看待事物的态度至关重要。一旦我们以偏概全，就会说出片面之词，让别人觉得我们是在胡言乱语。因此，我们要全面客观地看待事物，不能说以偏概全的话。

在媒体面前发言要十分谨慎，不说错误的话，不说容易产生不良影响的话。在媒体面前，说话高手往往秉持"宁可少说，也绝不说错"的原则，如此他们便可以从容应对媒体了。

第十一章

面试时说话的技巧

在面试的时候,很多人会比较紧张。其实,如果你有足够多的说话技巧,你就不必太过紧张,因为你有很大的概率通过面试。

准备充分，让人知道你是专业的

任何一家公司在选择员工时，都希望自己的员工是专业的。而要在面试中显得专业，我们就应该准备充分，不断提升自己的能力。

小杨要去一家公司面试。在面试之前，他进行了充分的准备。在面试过程中，他表现得很不错，但这还不足以惊艳到面试官。当询问到根据当前市场的情况，他能给公司提出什么样的发展建议时，小杨详细地说出了自己对这个行业的思考以及对未来发展的判断。面试官觉得他的回答很有深度，而且很专业。但是，面试官却质疑小杨使用的数据有问题。小杨说，这些数据是自己在面试开始之前查的，现在网上已经更新了相关数据。最终，公司成功录用了小杨，并对他的专业性表示了肯定。

专业的人就是比普通人了解更多的知识，并且会及时跟进行业动态，更新自己的知识库。这两点小杨都做到了，所以他的专业性是毋庸置疑的，企业最终也选择录用他。

1. 在面试之前充分了解行业信息

正所谓："不谋全局者，不足谋一域。"想要成为专业的人才，就要对整个行业有深入的了解。即便以前没有深入了解，在面试之前也要进行充分了解，这样才能在面试时表现得足够专业。

2. 专业知识和对企业的思考必不可少

一般对于专业知识，面试者基本都有，而对于企业的思考则不一定有。既然要选择这家企业，就应该考虑一下这家企业将来要怎样发展，我们能为它做些什么，这才是专业的态度。

3. 及时更新自己的数据库

专业的人一定是与时俱进的，这样才有可能走在行业的前列。因此，我们要及时更新自己的数据库。

在面试之前准备充分，在面试时就能表现得更从容。当表现出自身的专业水平时，我们就很容易赢得企业的青睐，被企业录用。

回答简单明了，不要绕弯子

现代人的生活节奏很快，工作节奏更快。在工作中，人们说话一般都是直截了当，而不愿意绕弯子。因此，在面试时，我们的回答也应该简单明了，不要绕弯子。

有一天，小周到一家公司面试。面试官问他身体好不好，但小周并未直接回答，而是说自己每天都会锻炼身体，还向对方展示了一下自己胳膊上肌肉，并反问道："拥有这样的好身材，身体能不好吗？"对此，面试官感到有些无奈，明明简简单单的一句"身体很好"就可以说清楚了，他扯那么多没用。接着，面试官又问："你之前有没有相关的工作经历？"小周说："有啊。像我这种年龄段的人怎么可能没有工作经历呢？那些大的公司我是没有去过，不过像你们这样的小公司，我有过五六年的工作经历……"然后，他说了三家公司的名字。"那你觉得这三家公司怎么样呢？"面试官又问。小周立刻来了兴致，滔滔不绝地说了起来："要说这三家公司，都不是特别好。这第一家公司……"最终，面试官忍不住了，直接结束了面试。

在面试时，我们要尽可能说得简单明了一些，因为说得越多就越容易说错，而且没有人愿意听长篇大论，对方只是想要得到一些答案，掌握我们的信息而已。

1. 直接把答案说出来，不要总是述说过程

面试时讲话要尽可能简单，直接把答案说出来，而不是一直在讲述过程。面试官在听到我们的答案后，就会对我们有一个合理判断。

2. 用陈述句回答问题

例子中的小周用反问的方式回答面试官的问题，很容易让听的人感觉不舒服，我们只需用陈述句来正面回答问题即可。

3. 简单回答能够避免说出一些不利因素

简单回答，可以避免将一些不利的因素说出来。例子中的小周如果回答得不是那么啰唆的话，面试官可能就听不到他对前公司的抱怨，而小周也不会给人留下不好的印象。

面试是一个很重要的时刻，同时也是一个大家不愿意浪费时间的时刻。大家在一问一答中了解彼此，所以千万不要绕弯子，有什么就说什么，简单明了的回答才是面试该有的样子。

积极自信很重要

都说，面试时能力很重要。但是，积极自信也很重要。积极自信的态度，能让面试官觉得应聘者精神饱满、状态良好，并且充满吸引力，同时也有助于应聘者更流畅地表达自己的想法，更好地展示自己。因此，不管我们准备得如何，在面试时都应该把一切都抛到脑后，表现得自信一点。

>一个年轻的女生到一家公司面试网络推广员的工作。
>
>当面试官问及有没有做过主播的经历时，女生表示没有，不过她相信自己一定可以做得很好。一方面，因为她以前也做过销售，感觉做主播和做销售有一些相似之处，都要能够留住人心。另一方面，虽然她没做过直播，但是看过不少直播，觉得自己完全可以胜任。
>
>女生的自信让面试官很满意，最终决定录用她。

自信的人往往更容易赢得面试官的青睐，因为自信的人所散发出来的魅力，是容易令人折服的。就像直播的时候，自信的人也更容易感染他人。而对于其他的工作，有自信的人也往往会发挥得更好。

1. 到了面试环节，更应该自信一点

不管你在面试之前准备得如何，到了面试的环节，你更应该自信一点。因为自信的人更能赢得面试官的好感。

2. 自信的人会更有行动力，更受人喜欢

一般自信的人相对比较活跃，他们比不自信的人更有行动力，能学到更多东西，所以也更受人喜欢。同时，我们在面试中表现得更自信，有时还能弥补我们能力方面的一些不足之处。

3. 自信的精气神是一些企业需要的

谁都希望自己拥有一批朝气蓬勃、充满自信的员工，自信的精气神是一些企业所需要的。因此，面试官也愿意录用那些充满自信的人。在条件差不多的情况下，他们会优先录用那些自信的人。

无论是在生活还是工作中，自信的人一般都能够发挥得比较好。所以，当我们在面试时，充分展现出你的自信吧。

彰显个性，用独特的回答赢得青睐

每个人都有自己独特的魅力，但在面试的时候，由于是套路化的问答，所以会显得所有面试的人都千篇一律。这时候，如果我们能够用一些彰显个性的独特回答，可能会收到不错的效果，赢得面试官的青睐。

小秦看问题一般都比较深入，他总是能深刻地理解周围的人和事。在面试时，他的这个特点引起了面试官的好奇，同时也让面试官对他另眼相看。

当面试官问他为什么要来这里面试时，他回答说："这家公司现在还不是一家特别大的公司，但发展前景非常好。据我了解，公司对待员工也是很好的，工资不算太高，但公司给人的感觉很温暖。在接下来的几年中，只要继续发展，就有可能会成为行业龙头，所以我想要到这里来工作。"

面试官很好奇，问他怎么知道公司会成为行业龙头企业，小秦笑着说："公司的产品我见过，质量比同类产品好不少。只需再过两三年时间，当公司从研发中腾出手来，在营销方面稍微一用力，很快就能成为这个行业

的翘楚。"面试官对小秦的表现很满意，觉得他正是公司需要的人才，便直接让他通过了面试。

例子中的小秦用自己独特的回答打动了面试官，最终成功被公司录用。如果小秦只是用千篇一律的回答，说觉得这家公司好，而说不出深刻的见解，那么面试官也就不会青睐他。

1. 个性的人拥有与众不同的闪光点

这个世界不是千篇一律的，每个人都有自己的闪光点，但有些人在生活和工作中埋没了自己的个性，从而变得庸庸碌碌。所以，在面试中彰显你的个性，你就和别人有明显的不同，就更容易被青睐。

2. 有个性的人往往有创造力和想象力

一般来说，有个性的人的创造力和想象力会更强一些，不少企业往往需要这样的人。当你显得很有个性时，面试官选择你的可能性会增加很多。

3. 你表现出来的个性可能正是对方需要的

每个人的个性会有差别，而如果你所表现出来的个性正好是对方需要的，就像例子中的那样，那么对方就会选择录用你。

其实，每个人都应该保留好自己的个性。它不仅会让你在面试中与众不同，也会让你的整个人生别具一格。我们所看到的说话高手都是有自己的个性的，而且还会不断地发扬自己的个性。

面对特殊问题，要冷静应对

在面试时，我们可能会被问及一些特殊的、出乎我们意料的问题。这时，你千万不要害怕，也不要慌张，冷静应对才是最好的方法。保持冷静，你就能够从容地应答，为你的面试加分。

小朱去一家公司面试，开头的一些问题他都能从容应对。后来，面试官突然问道："我们公司要求员工在上班时只使用我们公司的产品，不得使用其他公司的产品，尤其是公司的核心部门。在专营店，不但要统一使用公司的产品，还要统一着装。对此，不知道你能否接受？"

小朱对统一着装的问题能够理解，但对只用公司产品感到有些意外。面试官告诉他："是这样的，我们公司的一些与核心科技相关的商业内容需要严格保密，而只有严格遵守相关制度的员工，才允许进入相应的部门。"小朱觉得大公司好像都会有这样的要求，想了想便点头应答道："我可以接受。"

在后面的提问当中，面试官又提出了一些小朱没想到的要求。不过，这些要求他还可以接受，即便没听到解释，他也能猜到一些。最终，在小朱沉着冷静的应对之下，他成功地通过了这次面试。

一般情况下，企业不会故意刁难求职者，他们之所以会提出一些特殊的问题，有几个方面的考量：一是为了考察求职者的应变能力；二是评估求职者的创新思维；三是了解求职者解决问题的能力。这时，求职者只要在回答问题时冷静应对，并且根据自己的实际情况如实回答，一般问题就不会太大。

1. 坦然面对一些特殊的问题

我们无法预测面试中会遇到什么特殊问题，但我们可以选择坦然面对。这些问题一般不是故意刁难，所以我们不用过于担心。内心坦坦荡荡，该怎么回答就怎么回答，就可以了。

2. 保持冷静，想好了再说

在回答时，一定要保持冷静，想好了再说。我们要认真思考自己的情况，如实回答，不然在今后的工作中就有可能会遇到麻烦。比如例子中的公司对于商业保密的一些要求，如果员工不能按公司的要求做，就不能被公司接受，也就无法通过面试了。

说话高手都有良好的心态，在面试中遇到特殊的问题，依旧能保持住自己的心态。在冷静的前提下，认真思考对方的问题，给出自己的回答。接下来再交给对方判断，让他们来决定我们是否通过了面试。

第十二章

与同事的说话之道

　　身在职场，与同事的沟通交流必不可少。而那些说话高手总是能够和自己的同事打成一片，和同事成为最亲密的朋友和得力伙伴。只要你掌握并运用好与同事的说话之道，你也能在职场关系的舞台上表现得更好。

保持平等交流，不要妄自尊大

人与人之间是平等的，特别是同事之间，每天抬头不见低头见，一定要保持平等。有些人因为自己的能力比别人强一点，就妄自尊大，觉得自己高别人一等，说话时也尽显优越感，这是不对的。只有平等交流，才能赢得别人的尊重。

> 小楚到一家公司工作，刚工作没几天，就发现这里有一个很严重的问题。有一名员工仗着自己工作能力比别人强，俨然将自己当成这里的老大，让别的员工都要听他的。
>
> 小楚最讨厌别人以老大自居，便找那个老大挑战。如果小楚赢了，那个员工就不许再当大家的老大；如果小楚输了，小楚以后也必须认他做老大。小楚的工作能力很强，经过几轮挑战，他战胜了那名员工。
>
> 从此以后，所有人都高看小楚一眼。但是，小楚和所有同事说话时都是平等交流，从来没觉得自己高人一等。同事向他请教工作中的问题，他也是知无不言言无不尽。公司的整个风气都因为小楚发生了质的改变。经理找到小楚，感谢他为公司带来的改变。很快，小楚就得到了提拔，同事们也都真心认可他。

妄自尊大的人不会得到别人的真心认可，只有平等交流才能得到别人的真心。和同事之间更是如此，大家都是一样的人，即便能力有差别，也不是高人一等的理由。

1. 平等的理念深入人心

虽然在日常生活和工作中，我们有可能会遇到不平等对待，但平等的理念是深入人心的。我们只有平等对待自己的同事，在交流中和同事保持平等，他们才会和我们交心，而不只是表面上和谐。

2. 在任何时候都不要妄自尊大

人们常说"骄兵必败"，所以在任何时候我们都不要妄自尊大，在同事面前亦是如此。妄自尊大的人往往会被骄傲蒙住双眼，无法获得进步，所以很快就会被他人超越。

会说话的人总是会和别人平等交流，甚至会把自己的身段放得很低，把别人抬高。如果你想成为说话高手，就不能有妄自尊大的念头。

把同事当成好朋友

同事往往是我们日常相伴时间最长的人，因此有人觉得同事就是自己最好的朋友。在和同事交谈时，我们完全可以像对待挚友那般坦诚相待。这样一来，对方也会将我们当成好朋友，在工作中互帮互助、彼此扶持。

> 小峰平时和每一个同事都相处得很好，也真心将他们当成好朋友。平时，有什么话他都会和同事们说，有什么好处也都会和同事们分享。有人觉得他傻，认为他应该独占好处。对此，小峰不以为意，还是毫无保留地真心对待同事。
>
> 有一次，小峰在工作中遇到了困难，同事们纷纷过来帮他出谋划策。听着大家七嘴八舌地出着主意，小峰感到特别温暖。

其实，人与人的相处，讲究的就是真心换真心。我们如何对待同事，同事就会怎样回应我们。当我们平时把同事当朋友，交流时推心置腹，同事自然也会对我们敞开心扉，把我们当成他的好朋友。

1. 敞开心扉，主动出击

在现实的生活和工作中，多数人会对同事有所保留，难以做到像好朋友一样坦诚。或是担心同事之间存在工作上的竞争，或是觉得彼此之间不够了解。其实，这都不算是大问题，只要勇于敞开心扉，深入了解并非难事。至于工作上的竞争，关系好不好都会存在竞争，分开看待就好了。

2. 放下计较，真心付出

如果交朋友总是有很强的得失心，觉得付出就一定要有回报，那就落了下乘。我们应该付出真心实意，至于能否收获同等情谊，则不用太在意。就像例子中的小峰，在付出时没有期盼过回报，但是在遇到困难时，同事们都过来帮他，令他收获了满满的情谊。

既然同事是我们长久相伴的人，自然就可结为挚友。说话高手能随时把和自己说话的人变成朋友，同事也不例外。我们不用太计较得失，去和同事交朋友就行，至于结果，随缘就好。

将工作放在第一位

虽然我们可以和同事处成朋友，但他们又和朋友有着明显的区别，他们毕竟是我们的同事。因此，在和他们讲话时，我们还是要时刻将工作放在第一位。

在电影《横空出世》当中，我们看到老一辈人是如何工作的。他们和自己的同事处成了朋友，但无论什么时候，他们所谈论的内容大多围绕着工作展开。在谈话中，他们了解了彼此的信念，也知道了彼此身上的担子有多重，明白了应该怎样去将工作做好。他们是"三句话不离本行"，一心想着怎样把自己的工作做好。

和同事交朋友有一个天然的优势，就是经常可以在一起讨论工作，这样就可以互相帮助、获得成长。我们要利用这个优势，让每一个同事朋友都成为彼此成长的助力。

1. 工作很重要

工作并非人生的全部，但一定要明白，工作很重要。有了工作，我们才能有钱过日子，才能创造价值。

2. 谈论工作时不用藏私

在互联网时代，其实私密的事情和"独门绝技"是很少的，因为信息都公开透明了，你想学什么技术，都可以学到。我们在和同事谈论工作时，不用藏私，放开手脚去讨论，这样才能真正获得成长。如果谁都有私心，藏着掖着不肯说，那谁都无法获得真正的成长。

和同事谈话时，时刻将工作放在第一位，这是有上进心，也是真正热爱自己的工作的表现。

避免冲突，保持冷静

人与人之间难免会闹矛盾、起冲突。但是，和同事的冲突却和其他冲突不同。当我们和同事起冲突时，可能会因为冲突直接影响到工作，比如合作无法正常开展等。因此，我们要努力避免和同事间的冲突，无论什么时候，都要提醒自己保持冷静。

小金的工作能力很强，深受领导的赏识。有一次，同事做了很久的项目没有什么实质性进展，于是领导就让小金来接手这项工作。小金接手后没多久，就把项目做成了，为公司赚到了不少利润，他自己也拿到了不少提成。

为此，之前做这个项目的同事感到很不公平。明明他也没少做工作，结果功劳却被小金给抢了去。同事觉得这个项目能成，自己的功劳也不小。于是，他便处处给小金找碴，小金却一直忍让，到最后同事还是忍不住和小金吵了起来。

同事说小金仗着领导的赏识欺负他，夺走了他的项目，还说了很多难听的话，把小金说得一无是处。小金虽然觉得委屈，但是一直劝自己要保持冷静。他平静地告诉同事："我刚接手那个项目的时候，其实并没有太大的进展，你之前之所以一直没能把项目做成，是你的方向出现了偏差。所以，我其实并没有占你多大的便宜。但是我知道，今天我说什么你也不会相信。这样吧，我把我拿到的提成给你一半，这样你心里应该能平衡一点了吧？"同事没有想到小金能拿出一半的提成给自己，顿时愣住了。

后来，同事又和小金认真地交谈了一次，明白了小金说的是真话。同事想要拒绝小金说的分他一半的提成，但是小金执意要给。

经过这件事之后，他俩成了好朋友，在工作中也经常互帮互助，得到了领导的重用。

我们和同事相处的时间长，和同事间发生冲突较为麻烦，毕竟抬头不见低头见。所以，我们要尽量避免和同事的冲突，这样才能使我们的工作环境变得更加和谐，我们也能工作得更加顺心。

1. 时刻保持冷静，不被对方的情绪所感染

在双方起冲突时，只要一方的情绪激动起来，另一方很容易被带动，也变得激动起来，那么一场冲突就不可避免了。我们应该时刻提醒自己保持冷静，不被对方的情绪所感染，这样才能最大限度地避免冲突的发生。

2. 同事之间的冲突是双输局面，不如先退一步

同事之间的冲突一般是没有赢家的。例子中的小金如果和同事起了冲突，即便领导站在他这一边，其他同事也会觉得他是在以势欺人，纷纷对他敬而远之。小金很聪明，他选择退后一步，不仅让同事们看到了他的格局，而且还解决了冲突，让同事们更深入地了解他，收获了同事的认可。

我们在和同事谈话时，无论对方的情绪如何，都要避免和他们起冲突。说话高手总是能够想办法化干戈为玉帛，而不是在争吵中占据上风。

不八卦同事的隐私

每个人都不希望自己的隐私被别人窥探，更不愿意被人到处乱说。所以，不管在哪儿，爱八卦的人都不受欢迎。在工作中，如果有人八卦同事的隐私，肯定会被同事厌恶。因此，我们要管好自己的嘴，不去八卦同事的隐私。

小郭是公司里出了名的"大嘴巴"，只要是他知道的事，很快整个公司的人都会知道。有一次，公司里的一位女同事被一个人死缠烂打地追求，被小郭偶然间看见了，这事就在公司里传开了。女同事觉得特别丢人，都想辞职了。经理知道后，对小郭提出了严厉批评，告

诫他不要再随便八卦同事的隐私。

  经历了这件事后，小郭并没有任何改变。有一次，经理和妻子吵架闹离婚，又被小郭不小心撞见了。他又没管住嘴，八卦起了经理的事情，最后搞得全公司都知道了。经理特别生气，之前他已经警告过小郭一次，他却没改，于是经理便直接开除了他。

工作中，我们经常会遇到像小郭这样喜欢八卦的同事，但我们不应该像小郭那样，被批评了还不改正。其实，无论在工作中还是生活中，我们都不应该随便八卦别人的隐私，这是最基本的素质。

1. 尊重他人的隐私，是每个人都应该做的

不管会不会说话，都应该尊重他人的隐私。即便是不小心知道了他人的隐私，也不要到处说。只有当我们尊重了别人，别人才会尊重我们，大家才能更好地相处。

2. 不参与八卦同事隐私，也不传播这些内容

都说"谣言止于智者"，八卦也一样。当我们不八卦，别人却在八卦时，我们也不要参与，更不要传播这些内容，让那些流言蜚语在我们这里停止。

说话高手知道什么话该说，什么话不该说。隐私不能随便乱说，这是对他人的尊重，也是自身素质的体现。要想成为说话高手，嘴必须要严，不该说的绝不能说。

第十三章

上下级之间的说话技巧

上下级之间因为职位存在差异,所以交流起来可能会存在一些困难。不过,在掌握了上下级之间说话的技巧之后,你就可以轻松应对,让上下级之间的交流也像和朋友说话那样容易。

和上级说话要准备充分

与同事说话不用刻意准备,因为大家的工作内容差不多;但与上级说话则要准备充分,因为上级接触的信息层级更高。我们想要和上级好好沟通,就得准备充分,不然很难跟上上级的思路。

小高是一个很会跟上级交流的人。他的经理平时不苟言笑,同事们都害怕和经理说话,怕被批评。但是,小高却从来没有担心过。每次,他和经理交流,经理都对他表示很满意。

原来,小高每次在和上级说话之前,都会进行充分准备。他并不是只关注自己最近的工作情况,还会将公司近期的状况全部梳理一遍,然后站在老板的角度去看公司,发现公司存在的问题,并提出一些自己的解决办法。所以,在和经理交流时,他知道经理关心的是什么,也能对经理提出的问题进行合理应答。正是因为准备充分,所以小高每次都能得到经理的认可。

古人云:"工夫在诗外。"工作其实也是如此。想要把工作做好,我们不能只看到自己的工作,要有全局观。例子中的小高能够站在老板的角度看公司,就能看到一些平时看不到的问题,在和经理交流时,自然能从容应对。

1. 充分准备不只是走过场,还能提升自我

人与人之间的差距,有时并非在于能力,而在于眼界。和上级交流前充分准备,像例子中的小高那样,经常站在老板的角度看公司,眼界自然会拓宽,整个人的思想观念也会慢慢转变,从而变得更加优秀。

2. 把工作做好,准备才有意义

我们把自己的工作做好,平时表现得好,准备才会有意义。如果我们连自己的本职工作都没做好,上级一问工作情况却回答不上来,更不要谈其他内容了。

和上级说话虽然不容易,但也没有那么难。与任何对话一样,只要能够做

好充足的准备，我们就可以从容应对。如果你是一个说话高手，在准备充分之后就能发挥得更好；如果你不是说话高手，在准备充分之后也能让你正常发挥，顺利过关。

对上级不害怕，但要始终保持尊重

有些人会莫名地害怕自己的上级，这是错误的，要克服。还有些人不害怕上级，却不尊重上级，这也是不行的。我们不应该害怕上级，但要尊重上级，这才是正确的。

> 小龙是一个非常会说话的人，总是能够和同事、经理相处得很好。别人都有点怕经理，不敢和他开玩笑，小龙却在下班之后经常和经理开玩笑。但是，在公司开会或者正式谈话时，小龙却是一本正经地坐在那儿，也很尊重经理。
> 小龙的表现让同事们感到很神奇，仿佛他身体里有一个开关一样，能在一本正经和开玩笑之间随意切换。但这正是小龙的高明之处，他知道该在什么时候有什么样的表现，既活泼又守规矩，尊重上级。

平时，我们可以把上级当朋友，但是在正式的场合，我们要对上级有足够的尊重。其实，这和老师差不多。我们可以把老师当成朋友，但又要尊重老师，两者并不冲突。

1. 我们和上级只是职位不同，没有必要害怕

上级和我们之间并没有本质的区别，只不过是职位不同而已。因此，我们没必要害怕自己的上级。很多时候，上级还会帮助我们，成为我们的良师益友。

2. 尊重上级，就像尊重每一个人那样

很多人是看人下菜碟，觉得上级职位高，才应该尊重。其实并非如此。我们应该尊重每一个人，尊重上级也像尊重每一个人那样，就可以了。当上级在行使他的权力时，我们应当尊重；当上级有什么指示时，我们也应当尊重。

3. 平时和上级开玩笑没关系，该正经的时候就要正经

只要上级不反感，平时我们就能像朋友一样和他们开玩笑。但如果他们反感，我们就不能那样做。对任何人都一样，人家不喜欢开玩笑，我们就不能强行开玩笑。但在该正经的时候，比如谈话和开会的时候，我们就必须正经，不然就是不尊重上级。

只要我们将上级当成良师益友，我们就不会害怕上级，还会尊重他们。说话高手总是能够在不同的情景中切换不同的状态，该开玩笑时开玩笑，该正经时就正经。

态度端正，认真对待上级的话

我们既然可以把上级当成良师益友，那我们在听上级讲话的时候，就应该认真对待，把态度放端正。有的人不愿意听上级讲话，正如在开会的时候不愿意听台上的人讲话一样。其实，这种观念是不对的。如果上级讲的话有道理，我们就应该认真听取，这能让我们获益不少。很多时候，上级的眼光比我们独到，所以我们也应该认真听一听他们所说的内容。

小范是公司新来的同事，能力不强。刚开始，大家都不看好他，觉得他很快就会被开除。结果半年时间过去了，小范不但没有被公司开除，而且工作业绩越做越好，甚至在公司里能排到前几名。

小范的变化让同事们感到百思不得其解，心想难道他是一个天才？后来，经理在一次会议上表扬了小范，并且解开了大家的疑惑。原来小范刚来公司时能力确实有些差，但他非常愿意学习。在经理开会的时候，别人都不太把经理的话当回事，左耳朵进右耳朵出。但小范每次都认真做笔记，回去以后仔细揣摩经理的话，然后不断地成长。经理说，他也是最近问小范才知道有这么回事。接着，经理把小范的笔记本展示给大家看，大家发现笔记本上密密麻麻都是小范记的笔记。这让他们感到很惊奇，因为他们平时开会也会记笔记，但都是象征性地写一点。没想到，

小范竟然靠着记笔记，让自己的工作能力实现了飞跃，这恍惚中让他们觉得又回到了上学记笔记的时候。

上级所能接触到的信息，比我们要高一个等级，所以他们说的话，对我们而言通常是有用的，只不过有的人并不把上级的话当回事。其实，无论什么时候，只要我们和上级交谈或者听上级讲话，我们都应该认真对待。有时，上级不经意间的一句话，会让我们有醍醐灌顶之感。

1. 认真对待上级的话，因为他们不会胡乱说话

上级不会无缘无故找我们谈话，在会议上时，上级的话往往也都是有明确指向的，只不过有的人听不懂他们的意思而已。如果我们能够认真对待上级的话，分析他们话中的意思，我们就能豁然开朗，然后取得进步。

2. 接受更高层级的观念，能让我们快速成长

上级的观念一般都是比下级要高一个层级的，接受他们的观念，调整我们的观念，我们就可以获得快速成长。其实很多时候，在上级面前，我们都是扮演着倾听者的角色。让上级这个懂得更多的人来说，能让我们受益匪浅。

上级的话往往是能给我们带来营养的，会说话的人不会总是说个不停，他们会认真听取上级的话，然后思考自己的不足，最后获得成长。

和下属讲话要温和，不摆架子

作为领导者，跟下属讲话时要清楚他们的心思。他们有可能会害怕我们，在我们面前很拘束。所以，我们和他们讲话时要尽量保持温和，不要摆架子，让他们能够放松下来。这样的交流才会顺畅，我们也才能听到下属真实的声音，知道下属心中真正的想法。

唐经理刚到一家公司任职，很快就发现这个公司的员工有些不对劲。他们好像有意无意地躲着他，即便是他主动找他们说话，员工也吞吞吐吐。唐经理决定要搞清楚状况，便把几名员工叫到办公

室询问。

几名员工你看看我,我看看你,谁都不敢开口说话。唐经理温和地说道:"我又不是老虎,不会吃了你们。有什么事情,你们可以告诉我,不管你们说什么,我都不会怪你们。"

见状,有一位员工说:"是这样的,我们上一位经理被老板辞退了。老板对我们说,我们工作做得不好,要找一位新经理来严格管理,要是发现谁工作不认真,就跟那位经理一样要被辞退。所以我们都很害怕,担心被您盯上,丢了工作。"

唐经理忍不住笑了:"原来是这么回事呀!其实,你们不用害怕,既然我是经理,这里就由我说了算。我不会辞退任何一个人,但你们也不能像以前那样没成绩。我会带领大家往前走,你们也要好好干,谁也不许偷懒。"

大家见唐经理这么好说话,顿时放下心来。在接下来的几个月里,唐经理带领全体员工努力工作,取得了不错的成绩。老板感到非常满意,不但认可了唐经理的能力,也重新认可了这些员工。

当领导对下属态度温和时,就能听到他们的真话。要是态度严厉,下属可能会因为害怕而不敢说真话。如此,领导就会变得孤立无援。作为领导,不能疏远下属,而要放下架子,和他们温和沟通,打成一片。

1. 温和的态度能够拉近和下属之间的距离

虽然上下级之间存在着天然的距离,但只要领导态度温和,就可以拉近和下属的距离,让下属愿意交流并吐露心声。聪明的领导者不会和下属对立,而是会和下属并肩同行。用温和的话语解开下属的心结,就能得到他们的认可,和他们成为"自己人"。

2. 温和的态度能让下属愿意听从领导

以势压人是难以服从的,即便身为领导,如果不能温和地对待下属,他们也不会心甘情愿地听从。所以,领导应该温和地对待下属,不要有任何架子,这样下属才会愿意跟着领导一起把工作做好。

说话高手都懂"心甘情愿"的力量,所以他们在做领导的时候,会动之以情,晓之以理,而不是依靠职位来指挥下属。温和地对待下属,让下属主动跟随,而不是被动听令,这才是领导的艺术。

多和下属沟通,用温暖打动人心

人们在面对冷冰冰的事物时,不会有什么太大的感觉,但是在面对温暖时却容易产生共情,甚至被深深感动。因此,作为领导者,应该多和下属沟通,用温暖来打动人心。

> 钱经理对自己的下属一直非常好,所以下属们并没有把他当成上级,而是当成了自己的长辈。钱经理会关心每一个下属,经常和他们沟通,询问他们有没有遇到什么困难。他几乎知道每一个下属的近况,而他温暖的话语,也总是能让下属感动不已。
>
> 钱经理对下属的关心从来不是说说而已。当下属在工作中遇到困难的时候,他会帮助下属解决困难,并传授相关的知识,让下属快速成长起来。在下属生活中遇到烦恼的时候,他会以过来人的身份劝导下属解开心结。甚至有一次,一个下属的家里遇到了困难,钱经理自掏腰包,帮助下属一家渡过难关。下属非常感激钱经理,一直用努力工作来回报他的帮助。

温暖总是能够在人与人之间传递,并在传递的过程中叠加、放大。如果我们能够多和自己的下属沟通,向他们传递温暖,我们不但可以打动下属的心,还能够建立起温暖的连接。

1. 对下属的关心永远都不会多余

领导关心下属,如果问得比较勤,可能有人会觉得多余。实际上却并非如此。你和朋友之间的关心,并不会显得多余,同样,你对下属的关心也不会显得多余。把自己当成下属的长辈、老师,只要有机会就可以问问他们最近工作如何、生活如何,这是随口的事情。但这随口的一句问候,足以传递出浓浓的感情，可以温暖人心。

2. 温暖不仅要说，还要去做

例子中的钱经理，不但对下属很关心，经常和下属沟通，而且在下属真正遇到困难的时候，他从不袖手旁观，尽自己最大的努力让下属变得更好。这样的领导者，相信每一个下属都会亲近他、爱戴他。

人心不会被虚假的关怀感动，但会被真心带来的温暖感动。作为领导者，我们要发自内心地关注每一个下属，随时和他们沟通，并给他们提供力所能及的帮助。这样，他们就可以感受到那份温暖，和我们建立起深厚的感情。

第十四章

和客户说话的技巧

人们在和客户说话的时候,一般都会比较小心,生怕一句话说错了,得罪了客户。其实,只要掌握了和客户说话的技巧,就不用那么小心翼翼,还能轻松拿下客户。

说话高手

对客户说话要周到且有礼貌

客户大多想要得到优质的服务，而周到礼貌的服务最令人满意。所以，在和客户交谈时，若能做到这一点，基本就能实现成交。

　　珍珍是一个很会说话的人，对待客户总是周到有礼。有一次，她遇到了一个很挑剔的客户。客户一进门，就抱怨道："你这里的环境差，空间也不够大，让人感觉拥挤又憋闷。"珍珍对此也不生气，还礼貌地说："您说得有道理，我也是这么认为的。可是现在生意不好做，等有了钱，我肯定要换个好一点的地方，现在就先这样吧。您可要多来支持我们的生意呀！"客户皱起了眉头："多支持，我可没那么多钱。"珍珍笑着说："一看您就是有钱人，对品质有自己的追求。"客户挑选了一款商品，珍珍建议说："这一款不太符合您的气质，您看看这个何如？我觉得这个和您的气质更搭一些，您可以比较一下。"客户笑了起来："老板娘真会讲话。"最后，客户选择了珍珍推荐的那款商品，然后满意地离开了。

有的客户说话比较犀利，不好相处，但不管面对的是什么样的客户，我们都要周到礼貌，不让客户感觉不舒服。只有这样，我们才能赢得客户的心，拿下订单。

1. 即便客户言语带刺，我们也要以礼相待

无论客户说话是不是和我们针锋相对，我们都应该以礼相待，细心周到地为他们介绍产品。这样，客户会觉得我们大气，也不会一直用语言来攻击我们。我们用温和的语言化解客户的锋芒，最终便能赢得订单。

2. 礼貌是我们的素养

俗话说："伸手不打笑脸人。"我们对人要有礼貌，态度要温和。不管面对什么样的客户，我们都要尽量使用敬语，让他们觉得自己是受到尊敬和重视的。

客户形形色色，有脾气好的，也有脾气差的，有挑剔的，也有说话不好听的。说话高手不管面对什么样的客户，始终能保持温和有礼，并能提供周到的服务，

让客户满意并下单。

表现专业，解决客户的担忧

客户在遇到问题时，由于不懂往往会将小问题当成大问题。当他们向我们咨询时，我们要表现得专业一点，这样他们就会相信我们能为他们解决问题。如果我们表现得不专业，经常回答不出客户的问题，他们可能就会犯嘀咕，担心我们不能为他们解决问题。那样的话，他们可能就不会购买了。

  一个客户到商场购买组装电脑。由于他对电脑并不是太懂，经朋友介绍，他找到了一个卖电脑的商家。在他说出了自己的预算和要求之后，老板对他说："既然是小张介绍来的，大家都是朋友，你就放心好了，我不赚你的钱，装出来的电脑保证功能够用，符合你的要求。"过了几天，客户再次来到商场，老板已经按照他的要求把电脑组装好了。客户还是有些担心，询问了很多问题。于是，老板将电脑的机箱打开，逐一向他介绍了起来："你的预算是3000元，这几年显卡的价格略高，很不划算，所以直接用CPU的核显就可以，日常办公使用完全没有问题。这个主板是华硕的，这个是固态硬盘……"最后，老板说："这些价格在网上都可以查到，你放心好了，帮朋友组装电脑，我不赚你的钱。"虽然自己并不是很懂，但在听完老板专业的介绍后，客户还是放下了心，爽快地付款了。用了一段时间之后，他对这台组装电脑十分满意。

人们对自己不了解的事物往往会比较担忧，那是对于未知事物的正常心态。销售人员要让客户解除他们的担忧，表现得专业，让客户觉得可靠，他们就能放心地购买了。

1. 表现得无所不知，解决客户的一切疑惑

当客户对产品不太了解时，他们的疑惑往往会比较多。我们就要表现得什么都懂，对他们的一切疑惑给出合理的解答。一方面给他们做科普，另一方面

也让他们对我们的专业性深信不疑。

2. 具有足够的耐心，不要表现得不耐烦

当客户充满担忧时，他们的问题往往会比较多。这时，有些销售员就会表现得不耐烦。一旦这种情绪被客户捕捉到，他们就会感到很不舒服，从而影响到下单率。因此，在解答客户的问题，让他们放心的同时，也要保持足够的耐心。当客户的问题都被解答之后，他们自然会愿意下单。

客户一般都不会对产品有太深入的了解，再加上购物时的"选择恐惧症"，表现出担忧和犹豫不决是十分正常的。说话高手会表现得很专业，解除客户的疑虑，回答客户的问题，让客户放心下单。

处理冲突要迅速，保持语言的温和

做生意都讲究和气生财，一般情况下，很少有人会和客户产生冲突。但如果客户脾气比较急，和销售人员起冲突了，应该迅速处理，并注意保持语言温和，将问题解决在萌芽状态，而不要让冲突扩大。

在一家服装店里，一位女顾客和销售员吵了起来，老板娘连忙过来询问怎么回事。销售员说："她在这里试了快一下午了，一件衣服也不买。我就说了句'再这么试下去，我们都要下班了'，她就生气了，我们便吵了起来。"老板娘连忙批评了销售员："怎么能这么跟顾客说话呢，就是人家一直在店里试衣服，也不能这么说！"老板娘让销售员去忙别的，她抱歉地对顾客说："真是不好意思，这个销售员刚来没几天，不会说话，您别往心里去。服装店哪有不让顾客试衣服的道理，您在这里尽管试。"顾客说："还是老板娘会说话！"最终，顾客买了两件衣服，心满意足地走了。

一旦和客户起冲突时，一定要迅速处理。不然，等到闹得不可开交时再来收拾，就不好收场了。其实，一般和客户的冲突也没什么大矛盾，大多数时候，

只要语言温和一点，就足以解决。

1. 迅速反应是解决客户冲突的法宝

很多时候，客户要的并不一定是多么具体的说法，而是一种态度。如果出现了冲突，你能够快速作出反应，这就表明对客户很重视。即便最后客户的问题没能得到完美解决，他们也不会再吹毛求疵，故意刁难。而且，一般客户的问题也不是那种很难解决的，只要能知道他们不满意的地方，就很容易解决。

2. 温和的语言能抚平客户的情绪

很多冲突都是因为一句话说得不对引起的。我们要用温和的语言来抚平客户的情绪，不要和他们针锋相对，否则就是火上浇油。优秀的销售人员一定是情绪平稳的，始终保持语言温和，这样客户即便有些不满意，也会因为温和的语言而选择不计较。

客户的冲突其实没那么难解决，只要我们有解决问题的心，快速应对，一般都可以解决掉。说话高手能用温和的语言让客户的情绪降温，让客户心情舒畅起来，什么冲突都能够因此而化解。

对客户的情况及时给予反馈

当客户遇到情况时，应该及时给予反馈，否则客户就会觉得服务态度有问题，对服务不满意。如果反馈及时，即便没能将问题完美解决，客户一般也不太会计较。

一位顾客在京东上购买了一台豆浆机。由于这款豆浆机的功能比较多，虽然看过说明书，但她还是不太会用，在使用豆浆机的时候，经常会遇到问题。于是，她便联系客服，询问了一些具体的问题。客服很快就给出了回复，顾客也知道该怎样使用了。过了两天，顾客接到了京东客服的一个电话，询问她是否学会了使用豆浆机，还有没有别的问题。她对京东的服务满意得不得了。

对客户的情况及时给予反馈，是一个合格的服务人员应该做的。如果能够及时给予反馈，即便客户的问题不能马上解决，他们也会因为这种良好的服务态度，而不会太生气。如果给予的反馈不及时，那么不管问题有没有得到解决，客户的心情应该都不会太好。

1. 第一时间对客户给予反馈

如果是在门店，我们要及时解决客户的问题。如果是产品的售后服务，我们也要及时和客户沟通，确保客户的问题能在最短的时间内解决。现在很多电商平台都有人工智能客服，但它却无法满足个性化的需求，所以人工客服在工作时间要随时在线，当用户转人工服务时，不要让用户等太久。

2. 回访能够让客户备感温馨

客户提出了问题，我们帮他们解决。但问题究竟有没有解决好，客户还有没有新的问题，这些只有回访之后才知道。我们应该在解决问题之后，在合适的时间对客户进行回访，一般是打电话回访一下就可以了。这样做，不仅会让客户感到很温馨，也会让他对这种周到的服务感到满意。

及时对客户的问题给予反馈，及时询问客户究竟有没有将问题解决好，这些都能让客户有被重视的感觉，从而提升我们的服务满意度。

提出合理建议，给客户创造新的需求

消费者一般对产品并不太了解，他们不是专业的设计和生产人员，即便他们看过不少关于产品的讲解和介绍，依旧了解得不够深入。因此，他们对自己的需求往往也不是很清楚。销售人员应该为客户提出合理的建议，给他们创造新的需求，让他们知道我们的产品有多好。

一位顾客到华为专卖店看手机，他转了一会儿后，选择了一款中端机型。他向销售员询问了手机的拍照功能，觉得还不错，准备购买。这时，销售员看他对手机的拍照功能比较在意，就建议他看一下最新款的高端手机。销售员说："这款手机的拍照功能非常强大，具有超高速风驰闪拍的功能，可以捕捉到快速运动的物体，拍出来非常清晰的画面。它还支持 100 倍的数字变焦，离得远也能拍得比较清晰。它的存储空间很大，最高有 1TB 的空间，可以储存很多照片和视频。它还有 AI 消除的功能，在需要修图的时候非常方便。"销售员一边说一边向顾客展示了这款手机的各种功能。顾客在听了销售员的介绍后，觉得这款手机更适合自己。虽然这款手机的价格比中端的手机要贵一些，但最后顾客还是选择了购买这款手机。

如果销售员没有向顾客介绍最新款手机的独特功能，顾客就不会购买这款产品，也就不知道自己的需求可以进一步得到满足。由此可见，销售员的合理建议有时候非常重要，也非常关键。

1. 根据客户的需要，多提合理的建议

销售员对产品的了解程度比客户要深入得多，因此，不管在什么时候，销售员都应该根据客户的需要，多给他们提一些合理的建议。当客户发现他们的问题还有更好的解决方式时，他们会感谢销售员的提醒，并且也愿意去购买更好的产品。

2. 客户的新需求应该是真正的需求

销售员给客户创造新的需求，但这个需求一定得是真正的需求，是客户需要的。有些销售员为了售卖自己的产品，让客户以为自己有某方面的需求，实际上这种需求并不重要。客户在购买了产品后，才发现被忽悠了，花了冤枉钱。如此，客户就会心生不满，甚至可能会选择退货。我们要给客户创造真正的新需求，解决客户的痛点。

技术总是在不停地升级，新的技术往往能解决新的问题。当产品能解决客户的需求时，我们要及时告诉客户，让他们知道他们可以享受到更好的服务，解决更多的需求。但我们要判断，这个需求是重要的还是不重要的。因为只有重要的需求，我们的大力推荐才会让客户购买并对产品感到满意。

第十五章

谈判中的说话技巧

谈判有时候就像辩论会,双方可能你来我往、唇枪舌剑。说话高手往往能够在谈判桌上挥洒自如,凭借准备充足的技巧战胜对手,轻松拿下谈判。

事前准备充足，充分了解对方

做任何事情，知己知彼很重要，谈判亦是如此。事前做好准备，充分了解对方，就知道该如何去应对了。

林经理是一名谈判高手。但凡公司需要谈判，都是让林经理出马。有一次，公司要和一家大公司谈合作。这家大公司对合作公司的要求很高，故而很多前去谈判的公司最终都没能谈成合作。林经理临危受命，代表公司前去谈判。

林经理知道，公司可以达到大公司的合作的要求，能不能谈成，主要还是看能否打动对方的谈判人员。于是，在安排好其他事宜后，林经理详细调查了对方负责谈判的游女士。他发现游女士是一个非常爱干净的人。林经理立即要求公司上下狠抓卫生，把公司的各个角落都打扫得一尘不染，又多添置了一些绿植，摆放了一些小装饰品，让整个公司的环境看起来既干净又温馨。

到了谈判那天，林经理先带游女士参观了公司，然后才开始谈判。在谈判的时候，游女士果然对他们公司表现出了浓厚的兴趣。又经过一番努力，林经理成功谈成了合作。

例子中的林经理能够谈成合作，和他的说话技巧关系不是很大，主要是他充分了解了谈判对手，先用干净整洁的公司环境，给对方留下了好印象。通过谈判桌之外的因素，影响到了谈判结果，这就是事前充分准备的好处。

1. 了解对方能让你事半功倍

在谈判中，如果你能够事先对你的对手有充足的了解，那么你所做的一切都是极具针对性的，你的努力也将事半功倍。方向永远是需要在努力之前就确定，而谈判中对方的喜好就是我们的方向。

2. 谈判拼的就是了解对方

谈判其实就是要在谈判桌上拿下你的对手，只要能拿下对手，使用什么方法都可以。在谈判之前，花大力气调查你的对手，你就能在谈判桌上更有把握。如果你了解对方，对方不了解你，你谈判获胜的概率就会很大。如果彼此都进行了调查，那就要看谁在谈判前准备得更充分了。就像例子中的林经理，为了拿下谈判，将整个公司打扫得一尘不染，做足了准备。

了解了你的对手，你就知道该如何出招，那么你在谈判中获胜的概率就会大大增加。说话高手并不只是会说话，更会在谈判之前充分了解自己的对手，然后充分准备，稳稳赢下谈判。

打破常规思维，方能出奇制胜

《孙子兵法》中说："凡战者，以正合，以奇胜。"经常在谈判中获胜的人，一般善于打破常规思维，使出一些出人意料的招数。常见的谈判手段大家都比较清楚，也会有很强的戒备心，而那些新的招数会打得对方措手不及，无法招架，从而轻松被拿下。

在一次商业谈判中，有一家公司的人并没有直接切入谈判的主题，而是大谈当前行业的发展趋势，分析竞争对手的动态。这让另一家公司的人感到十分疑惑，不知道对方葫芦里卖的是什么药。

在谈论完这些内容之后，这家公司的人才总结说："如果我们两家合作，从长远来看，一定是对我们都非常有利的。如果不合作，一旦竞争对手发展起来，我们就会变得很被动。"

听了这话，大家一下子就明白了，这两家公司必须合作才行，否则有可能会被竞争对手挤出市场。于是，两家一拍即合，达成了合作。

当你在谈判桌上亮出奇招，有时候就能不战而胜。就像例子中那样，谈判从一开始就注定会成功，两家公司迫于竞争对手的压力，必须要合作。接下来不管怎么谈，也是谈合作的细节问题，不会出现无法合作的情况。

说话高手

1. 要想打破常规思维，就要站得高，看得远

当视野比较狭窄时，我们会有很多困扰。但如果我们站在更高的层次更广阔的视角去看问题，那些困扰我们的事情可能就不算什么了。就像例子中说的那样，从较低的层面看，两家合作与否都是一个很难决定的问题，但站在更高的维度看，两家合作是必然，根本无须讨论。

2. 要出奇招，但奇招必须是对方都能理解和接受的

我们在谈判中出奇招，要保证对方能理解也能接受，否则这奇招就成了怪招，对方可能并不买账。一般来说，奇招应该是正当的招数，而不能使用上不了台面的阴招。例子中分析行业的趋势，就是正常的招数，谁也不会有异议。

说话高手的思维总是跳脱常规束缚的，能够想到更好的主意，于是在谈判中能够做到出奇制胜。当然，核心是能站在更高的维度向下看，而不是局限在一个狭窄的视野中。格局一打开，就很容易想出奇招。

适当让步，双赢是最好的局面

"手把青秧插满田，低头便见水中天。心地清净方为道，退步原来是向前。"这是一首关于插秧的偈子。"退步原来是向前"这一句，放在谈判里也很合适。谈判时，适当的让步往往能实现双赢。

> 两家公司谈了很久的合作也没能谈出一个结果，问题出在收益的分配上。甲公司认为自己出人、出钱、出力，理应得到更多的收益。乙公司则认为，虽然甲公司说的没问题，但是对方严重低估了技术以及品牌的价值。如果没有乙公司的技术支持以及品牌影响力，甲公司的产品很难打开市场，所以收益应该五五开。
>
> 于是，两家试着合作了一下，结果产品果然销量很好，比甲公司以前的产品卖得好多了。甲公司这才相信乙公司说的是对的。不过，当两家公司再次回到谈判桌上时，乙公司却主动让步了，没再提收益

五五开的事，而是要求甲公司以后只能和自己合作，双方共同发展，至于收益，他们可以只要三成。甲公司没想到还有这么好的事情，两家深度绑定在一起，对彼此都有利，而且对方还降低了收益分成。

接下来，两家公司的合作非常顺利，彼此都没有任何猜疑。最终，两家公司都获利颇丰，名气也变得更大了。

谈判并不一定是一方吃亏，另一方占便宜。能够实现双赢的谈判，才是最好的谈判。我们无法让每一场谈判都实现双赢，但如果有机会还是要创造双赢，哪怕是做出一定的让步也是可以的。因为从长久来看，双赢一定可以带来长远利益。

1. 让步不会毫无价值

为了促成谈判而让步，除了达成目的，还会让对方心存感激。尤其是优势方主动让步，另一方一定会感恩。中国人讲究礼尚往来，即便对方当下没有任何反馈，日后有机会，也会想办法补偿，比如有生意时就会优先想到你。

2. 让步能让合作更长久

让步能让对方感受到合作的诚意，使合作变得亲密无间，不会总是猜疑。就像例子中的两家公司，一方让步让合作融洽，对两家的长久发展都有利。

谈判时，只知道进攻并不是最好的办法，适当让步才是真正的高手。选择在具有优势的时候做出一定的让步，能够让谈判变得更加和谐，为合作奠定良好的基础，增进彼此间的深度互信。

合理坚持，才能拿到想要的结果

在谈判中不应该总是锋芒毕露，该让步的时候要让步，但是话说回来，该坚持的时候也要合理坚持。对于应该坚持的问题，如果不能坚持，就无法拿到想要的结果。

一家公司在和代工厂谈判的过程中，谈到了配件使用的问题。这种配件有几种不同的档次：一种是质量非常高的配件；一种是质量相对较低但也符合生产要求的配件；还有一种是质量比较差，无法符合生产要求的配件。一般情况下，该代工厂都是选择使用中间那一档的配件。

但是，这家公司要求代工厂一律使用质量最好的配件，因为只有这样，生产出来的产品的质量才会更高。这样一来，虽然产品的利润会低一点，但产品的口碑会逐渐积累来。从长远看，对公司的发展是十分有利的。不过，这也会影响到代工厂的收益，所以代工厂始终不同意。但这家公司坚决不让步，因为生产市场上最高质量的产品是他们的根本原则。最终，在这家公司的坚持下，代工厂做出了让步，同意了全部使用最高质量的配件。

正是由于这家公司的坚持，其产品质量很高，很快就成为市场上最耐用的产品之一，赢得了消费者的青睐。很多人争相购买该公司的产品，即便价格高一点也愿意。在广大消费者的支持之下，无论是这家公司，还是代工厂，都取得了丰厚的利润，而消费者也买到了高品质的产品，一举数得。

在谈判的时候，合理的要求就应该坚持下去。例子中的这家公司目光长远，选择高质量的配件，让产品质量更高，赢得了消费者的青睐，最后得到了一个完美的结局。该公司能在谈判时始终坚持自己的要求，最终也拿到了那个想要的结果。

1. 坚持的力量超乎你的想象

人们经常会说坚持才能胜利，但这往往流于表面，很多人对坚持的力量缺乏真正的认知。当你一直坚持，不被外界所动摇时，它所产生的力量是强大的，一定会超乎你的想象。在谈判中，当一方始终坚持他的要求，刚开始对方可能会不理解。时间一久，对方就会觉得既然一直这么坚持，就肯定有一定的道理。于是，最终的结果可能会朝着坚持的一方期待的方向走去。

2. 只有合理的要求才去坚持

谈判中的坚持非常重要，但要注意，只有合理的要求才可以坚持，才值得坚持。如果不管合不合理都去坚持，那么谈判就很难进行下去。

我们在谈判中要有自己的主见和原则，该坚持的事情就要坚持下去，这样才能拿到我们想要的结果。说话高手在原则问题上是不会让步的，他们知道什么时候可以让步，什么时候必须坚持。

打破僵局，就能把谈判拿下

谈判并不都是一帆风顺的，有时候谈判会陷入僵局。如果让僵局持续下去，谈判是不可能谈成的。因此，你要具备打破僵局的能力，才能够将谈判拿下。

> 两家公司在进行合作谈判，但因项目中某一权限的归属问题产生了分歧，双方互不相让，一时间便僵持了起来。
>
> 甲公司的人见一直谈不妥，表示如果乙公司不肯让步，谈判就此终止，他们将会找其他公司合作。乙公司的人也不甘示弱，表示这个项目最适合合作的公司只有他们，其他公司在这方面的经验都不足，如果甲公司选择其他公司，根本就不可能把项目做成。甲公司的人点了点头说："行，咱们就走着瞧！"说完，就要带队离开。
>
> 这时，乙公司的谈判人员中有人忽然说道："反正也到了饭点了，不如大家一起吃个饭再走，买卖不成仁义在，以后如果有机会还是可以合作的。"甲公司的人觉得他说得有道理，就留下来和他们一起吃饭。
>
> 在吃饭时，抛开谈判桌上的不愉快，双方的距离一下子就拉近了。吃完饭后，乙公司的人提议说："要不我们再谈一谈？"甲公司的人觉得可以再试一试。就这样，谈判的僵局被打破了，最终双方达成了合作。

乙公司的谈判人员能够灵活应变，想出方法打破谈判僵局，是非常高明的。当我们在谈判中遇到僵局时，也要想办法尽快打破僵局，从而让谈判能够顺利进行下去。

1. 谈判遇到僵局时要尽快打破

在谈判中如果遇到僵局，不要让僵局持续下去，因为持续的时间越长，对谈判就越不利。我们要尽快想办法打破僵局，不可以无动于衷，更不可以放任不管。

2. 换个方法打破僵局

当一个方法行不通时，我们就要考虑换个方法。既然谈判陷入了僵局，就说明我们使用的方法不好。不要把僵局看成危机，可以把它看成是一种提醒，提醒我们这个方法错了。换一个方法试试，说不定就能打破僵局。

在谈判中遇到僵局并不可怕，因为危机也可能就是转机。说话高手能够灵活应变，在谈判中同样也是如此。一个方法行不通就换另一个方法，总有一个能打破僵局，让谈判顺利进行下去。

第十六章

生活中的说话技巧

会说话的人在生活中总是能左右逢源,他们能处理好和亲朋好友的关系,每一次讲话都让人欣然聆听。在生活中的说话技巧有它的独特之处,我们需要好好学一学。

说话高手

和朋友说话，轻松中带着尊重

通常来说，人们在和朋友相处时会比较轻松自在，言行举止也会更随性。这本来是很好的，能让人身心放松。但要注意，不能因为这种轻松自在，就口无遮拦、随口乱说。和朋友说话，要轻松中带着尊重，如果少了尊重，就容易产生矛盾。

小茹和小琴既是大学同学，也是好朋友，经常在一起吃饭逛街。因为关系好，小琴说话的时候只图轻松随意，很少考虑尊重的问题，这让小茹心里不太舒服。

有一次，两人去逛街。小茹看上了一件衣服，正在试穿。她照了照镜子，觉得这件衣服的上身效果很不错，她很喜欢。这时，小琴说："你穿这件衣服有点显胖，千万别买。"小茹听了没吱声，继续在镜子前打量衣服。小琴见她不说话，又说："你看这衣服的价格不便宜。虽然打七折，还是有些贵。你平时不太聪明也就算了，现在可不能犯糊涂。""你才不太聪明呢！"小茹立刻反驳道。小琴没觉察到小茹的语气不对，又说："别买这件衣服，真的不划算，你听我的！"小茹气愤地说："我偏要买！"小琴这才意识到小茹生气了。

我们和朋友之间的关系是亲近的，但不可以因为亲近就缺少尊重。在说话的时候，时刻要注意尊重别人。

1. 不揭朋友的短处和伤疤

每个人都有自己的短处和伤疤。在和朋友说话的时候，千万别去触碰这些，不然就算朋友不说这些，心里肯定也不会好受。要是经常这样，友谊的小船可能说翻就翻了。例子中的小琴说小茹胖，其实是不应该的，小茹如果对自己的身材很在意，就不会愿意听到这样的话。

2. 不对朋友使用攻击性语言

有些人喜欢和朋友开玩笑，说些有攻击性的话，这在平时可能没事，但在不合时宜的时候，可能就会成为吵架的导火索。例子中的小琴说小茹不太聪明，这在平时可能只是一句随意的调侃，但当小茹心情不好时，这就会引起小茹的强烈不满。我们尽量不对朋友使用攻击性的语言，那样我们就会养成习惯，不会因为说出攻击性的语言而产生矛盾。

3. 始终尊重朋友的意见，不强求

朋友之间即便再亲近，也代替不了彼此。所以，不要替朋友做决定，要尊重朋友的意见，不可以强求。例子中的小琴强行要求小茹不买那件衣服，小茹就会非常反感，觉得小琴不尊重自己，矛盾也就彻底爆发了。

和朋友相处会让人轻松，说话随意也是正常，但一定不要忘记尊重对方。说话高手对任何人都会保持尊重，对朋友也不例外。彼此尊重，友谊才会天长地久。

和爱人说话，互相坦诚，无所不谈

从一定程度上来讲，爱人之间的关系应该算是最亲密的，可以无话不谈。和爱人说话时，应该坦诚，不要刻意隐瞒。很多关系非常好的夫妻，就是因为互相坦诚，才能关系融洽。

刚结婚不久的小岚发现丈夫总是很晚才回家，不知道是怎么回事。有一天，在丈夫回家之后，小岚问他是不是加班了。丈夫说是在加班，最近一段时间公司比较忙，所以每天都会加班到很晚。小岚对丈夫的说法将信将疑，便悄悄地来到丈夫的公司打听了一下，结果公司的人说最近并不是很忙。见丈夫没和自己说实话，小岚有些生气。当天晚上，她便质问丈夫，问他下班之后到底去干什么了，为什么要说谎。丈夫见状只好坦白，说买婚房的钱是跟别人借的，为了能快点还完钱，他每天下班之后都会去送快递。小岚听他这么说，这才消气。她对他说，两个人过日子就应该互相坦诚。后来，小岚从父母那里借了点钱，让丈夫先把欠别人的钱还上。见小岚这样做，丈夫感动不已，

两人的感情也变得比以前更好了。

有人说，幸福的家庭都是相似的。这句话说得很对，在幸福的家庭当中，夫妻双方通常是坦诚的。他们亲密无间，彼此之间无所不谈，谁也不会刻意去隐瞒什么。我们在和爱人说话的时候，就应该这样。

1. 有什么话说出来，不要憋在心里

有的人有什么事情都不喜欢对爱人说，喜欢憋在心里。这样非常不好，不但会影响心情，还会产生很多误会。所以，无论发生什么事情，都应该告诉自己的爱人，即便不能解决，也可以彼此分担，总比一个人憋在心里要好得多。

2. 不要对爱人说谎

有些话如果实在不愿意说也可以，但是千万不要说谎。谎言会让彼此的信任逐渐瓦解，一旦无法信任，那感情就会变得岌岌可危。很多婚姻就是因为说谎而逐渐产生裂缝的，所以要记住，不要对爱人说谎。

3. 互相坦诚才能亲密无间

感情是相互的，坦诚也是相互的。在婚姻之中，单方面的坦诚意义不大。相互坦诚，这样两人的感情才会变得亲密无间。

和父母说话，要多听、多理解

父母经常挂在嘴边的一句话是"我吃过的盐比你吃过的饭要多"。确实，很多时候，父母比我们见得多，也比我们懂得多。所以，在和父母说话时，我们要多听少说，尽量理解父母的意思。

小宋从小就不太喜欢听父母的话，总觉得父母的思想老旧，跟不上时代。相反，她喜欢接受新的观念和事物。

在直播火爆的那两年，小宋看有不少主播都火了起来，她也想做直播。一方面，她对自己的颜值有信心；另一方面，她觉得直播赚钱很容易。但是，父母却劝她不要做直播，不如踏踏实实找一份工作。

父亲帮她分析了一下，那些很火的主播，基本都是有团队在帮着运作的，一个人直播很不容易。而且，那些火了的主播，很多是砸钱才火起来的，和传统的投资打广告差不多。另外，即便是火爆一时，能不能赚到钱也是一个未知数，比如前段时间火爆全网的一位女士，在做直播之后很快就偃旗息鼓了。

小宋根本就不听父母的劝说，直接做起了直播。做了一年多直播，小宋直播间里的人数一直就只有十来个，也没赚到什么钱。后来，小宋看摆摊很赚钱，又想着去摆摊做烧烤。几年时间过去了，小宋干了无数个行业，也没有干出什么名堂来。

有不少年轻人不愿意听父母的话，觉得自己学历高，比老年人更有头脑。其实，这种观念是错误的。学历并不能代表一切，父母读生活这本书要比子女读得透彻得多，学历只代表了学校的知识，不能代表人生的知识。有时，父母的眼光更独到，看问题更透彻。因此，我们在和父母说话时，应该多听听父母说了什么。

1. 充分尊重父母所说的话

父母所说的话不一定是对的，但一定是值得我们尊重的，也是值得我们认真思考的。认真思考过后，你觉得对就听，觉得不对就不听。直接把父母的话当耳旁风，是不尊重父母的表现。

2. 理解父母的话，是一种智慧

一般低认知的人很难理解高认知的人，而高认知的人一眼就能看穿低认知的人。相对于父母，子女的认知通常是比较低的，因为生活阅历比父母要少得多，所以子女很难理解父母，而父母一眼就能看穿子女。尽力理解父母的话，思考父母的话，是一种有智慧的表现。这样的人才会拥有正确的观念，学到在学校里学不到的智慧。

说话高手会尊重每一个人，当然也包括自己的父母。人们经常因为父母宠着自己，就不尊重父母，也不愿意听父母讲话，这是不对的。多听父母讲话，尽量理解父母的话，你会发现父母说的一些话往往是非常有道理的。

说话高手

和孩子说话，不要啰唆，只提关键性建议

现如今，很多孩子不愿意听父母的话，甚至连思考都不思考，直接当耳旁风。这和现代人错误的观念有关系，也和父母有关系，毕竟父母是孩子的第一任老师，而且是最亲近的人。要让孩子愿意听我们的话，首先要做到少说话。因为只有少说话，才能让你的话更有分量。

　　一位学者的女儿本来要出国留学，但是学者不同意，他觉得外国的学校并不一定好，还不太安全。但学者也没有办法，女儿铁了心就是要去。
　　学者见劝说无用，便向女儿提了一个要求，就是不可以和外国人结婚。女儿答应了，并且在学成之后很快就回国了。
　　后来，学者在提及这件事时说，对孩子说话不能太啰唆，越啰唆他们越容易叛逆。我们只要提一些关键性的要求和建议即可，孩子一般都会接受，并且会说到做到。

父母对孩子的爱是伟大的，但不能因为爱孩子，就事无巨细地在他们面前唠叨。平时少说话，只提关键性的建议，才能让孩子更愿意听话。

1. 啰唆的话不如精炼的话
父母的唠叨会让孩子产生"免疫力"，逐渐把父母的话当成耳旁风。所以，我们对孩子说话不要太啰唆，用精炼的话来表达观点会更好。

2. 只提关键性建议，成为孩子的高级顾问
孩子们虽然不如我们见多识广，但他们的学习能力一般都比较强，很多事情他们自己就能摸索着做好。我们只要在关键性的问题上给他们建议就好，成为他们的高级顾问。这样，我们的建议会更有分量。

3. 等孩子询问时再解答
当孩子遇到难题时，他们会主动思考，并产生深刻的印象。这时，他们可能会来询问我们，我们再告诉他们，他们就能深刻理解。如果我们总是提前告诉他们，效果反而不好。

父母对孩子的爱如果缺乏方法，很容易变成溺爱，对孩子不利。父母说话的时候，也要讲究方法和技巧，要让自己的话在孩子那里有分量，要真正能帮助孩子成长，而不应因为自己的啰唆，而让孩子产生避而远之的想法。

进阶篇

只要努力，
你也能成为说话高手

第十七章

说话的进阶技巧，成为高手中的高手

　　学会基础的说话技巧，能让你说得流利；掌握进阶技巧，你才能成为说话高手；把进阶技巧练到精湛，你就是高手中的高手。

说话高手

听懂别人的弦外之音，及时调整自己的语言

中国人非常有智慧，一般说话都不会说尽，往往会留下一些弦外之音。说话高手不需要别人把话说得太直白，闻弦知雅意，一点就透，能随时根据别人的弦外之音来调整自己的语言，让交流变得更顺利。

小海是一个很会说话的人，平时说话很能领会别人的意思，有时候别人一开口，他就知道对方想说什么。

小海开了一家糕点店，生意还不错。他的隔壁新开了一家咖啡店，制作现磨的咖啡及饮品，店主是一位年轻的姑娘。

一天傍晚，隔壁店的店主端着一杯刚冲好的咖啡来到小海面前，请他喝一杯。小海一边感谢，一边接过了咖啡。这时，他发现姑娘正盯着他刚做好的一份糕点看，然后朝他眨了眨眼睛。他立刻明白了，问道："我刚做好的糕点，你要不要尝一尝？""好呀好呀！"姑娘高兴地回答。

小海给姑娘夹了两块糕点，说："小姑娘一般吃东西都挺少的……"说到这里，他看向对方。那姑娘一脸尴尬地回应："啊，是，我……"小海立刻明白了她的意思，连忙改口道："不过你忙了一天，肯定饿坏了，我多给你夹几块，吃不完也没关系，放起来明天也可以吃！"说完，他又给她多夹了几块。姑娘连忙说："谢谢。有时间你来我这边喝咖啡啊，免费。"姑娘拿着糕点高高兴兴地离开了。

在交流时，我们要理解别人的弦外之音，这样就能让交流变得更顺畅。例子中的小海，能够和陌生的小姑娘全程"无障碍交流"，在对方刚有所表示就明白她的意思，可以说是一个非常厉害的说话高手了。

1. 细心观察别人的动作和表情，就能明白他们的弦外之音

要听懂别人的弦外之音，不能只听他们说了什么，还要注意他们的动作和表情，通过这些就能更好地把握他们的意思。例子中的小海就是通过对方的表

情和动作，轻松"破译"了对方的意思。

2. 要读懂弦外之音，就要整体分析对方的话

要想完全读懂别人的意思，知道他们的弦外之音，就要从整体分析他们的话。整体的话才能体现出他们的真正意图，只听一部分话或只分析一部分话往往是不够的。

3. 多进行换位思考，弦外之音就很容易把握了

我们读不懂别人的意思，往往是没能换位思考所导致的。把我们想成对方，想想我们如果是对方，会想要做什么？人与人的想法其实差距不会很大，特别是境况相同的时候。我们换位思考，就能体会到对方的意图了。

能够听懂弦外之音的人，一定是说话高手。和那些很难理解别人意思的人相比，这样的人显得更加机灵和通透。我们要整体把握别人的话，多留意别人的动作和表情，同时多进行换位思考，这样我们也能变得通透起来。

巧妙提问，掌握别人心中真实的想法

说话高手通常会用一切可以利用的手段来对别人进行判断。比如，通过巧妙提问，从对方的回答中掌握他心中的真实想法。

在电视剧《士兵突击》当中有这样一个情节：团长对许三多很是赏识，但不知道该安排他去什么地方。于是，团长把他叫到办公室，询问他想不想去警卫连。许三多说，服从安排。团长说，从他的声音就能听出他不情愿。然后，团长又问他有没有什么特长，想根据特长来为他安排去处。许三多说自己没什么特长，只会踢正步。团长又问他对几个岗位的看法，但并没有说安排他到哪里去。许三多说这些岗位只有分工不同，没有好不好之分。这时，团长突然看见许三多一直盯着摆在桌子上的一辆装甲步兵车看，便明白了他的想法，于是给他作出了安排。

说话高手

在电视剧中，许三多是一个不善言谈的人，他一般不太会表达自己内心的想法，别人想要和他沟通，通常比较费劲。团长却是一位说话高手，他凭借提问知道许三多对哪些岗位兴趣不大，最后又凭借许三多的目光，知道了他内心的真实想法。

1. 回应不积极，等于兴趣并不大

在向别人提问时，如果遇到他们感兴趣的问题时，他们一定会积极响应并回答。如果他们回应不积极，就等于兴趣不大。这是非常简单的道理，也是通过提问一下子就能掌握到的。

2. 对于未知的内容或不好直接提问的问题，则要旁敲侧击

例子中团长不知道许三多想去哪里，所以他要提问的内容是未知的，只能逐个提问，旁敲侧击。而对于一些不好直接提问的问题也要旁敲侧击，否则有可能会让人感到尴尬。

3. 对于确定的问题，根据情况选择提问方式

确定的问题，不同的提问方式可能会得到不同的结果，所以合理选择提问方式，巧妙提问很重要。就好比在课堂上，如果说不同意的举手，可能举手的人就很少，因为大家并不想让人知道自己反对。但如果改成同意的举手或者采用不记名投票的方式，效果就会好很多。

提问是为了掌握别人心中的想法，不管采用什么样的提问方式，只要我们能够把别人心中真实的想法搞清楚，就算是成功了。这个提问方式关键在于一个"巧"字上，要巧妙，让人不尴尬，并且能得到最为真实的回答。

和不同的人说不同的话，说别人愿意听的话

和不同的人交流就应该说不同的话，说到对方愿意听，这是一种本事。只有见多识广，知道他人喜好的人，才能做到这一点。当我们阅历不够时，也可以用经验来凑，将同种类型的人归在一起，然后分别对待，就会变得简单一些。

第十七章　说话的进阶技巧，成为高手中的高手

小肖很会说话，跟什么人都能聊得来。

见到领导，他会和领导谈工作，谈市场发展形势，谈未来的规划等。领导见他眼光不错，对行业的发展状况也很了解，便对他刮目相看。

见到同事，他会询问对方的近况，如工作如何、家庭如何等。同事觉得他很关心自己，也很健谈，和他的关系也就变得越来越好。

见到朋友，他会聊生活和工作的压力，和朋友相约吃饭或出去放松一下。朋友经常和他互动，彼此感情一直很好。

见到女性，他会和对方聊穿搭、娱乐圈的新闻，谈谈最近上映的电影、喜欢看的书籍等。大部分女性会觉得和他聊天很轻松、很愉快。

见到小孩，他会和小孩一起玩一起闹，把他们当成朋友，完全忘记了自己的年龄。

要做到见什么人说什么话，其实关键在于知道这类人一般的喜好，然后从他们的喜好入手，谈论相关的内容，话题自然就来了。而对方一听你在聊他们感兴趣的内容，自然也就愿意和你聊天了。

1. 随时留心，给遇见过的所有人分类

不管生活阅历是多是少，没有人能见过全世界的人。我们要做到留心自己遇到过的每一个人，随时留心，随时给他们分类。当我们能够精准给人分类时，我们就能知道该如何和他们说话。

2. 对不同类型的人，谈论他们喜欢的不同话题

不同类型的人喜欢的话题一般是不同的，例子中的小肖就是遇到不同的人选择不同的话题，所选择的话题都是他们所喜欢的。

3. 平时多看新闻，就能找到谈资

只知道不同类型的人所喜欢的话题还不够，你需要有一定的谈资。平时多看看新闻，什么内容都涉猎一点，你就会有说不完的话题，而且每个话题都很新鲜。

见什么人说什么话是一种很强的能力，只有说话高手才能做到。当我们把功夫用在平时，多留心身边的人，多积累一些各个领域的新闻内容，我们逐渐就能做到了。

说话高手

拿自己开玩笑，应对一切突发状况

一般优秀的人比较喜欢自嘲，因为这样会显得比较接地气。说话高手也比较喜欢拿自己开玩笑，一方面拿自己开玩笑一定不会得罪人，另一方面它是应对一切突发状况的法宝。

有一位外国女演员，年轻时很有名，后来因为身材发福逐渐淡出了人们的视线。有一次，她受邀参加了一个品牌活动。记者问她："听说您经常拒绝朋友邀您去海边游泳。是不是因为自己太胖，怕出丑才不敢去游泳呢？"

相信任何一个女人被这样提问，都会感到非常尴尬。但这位女演员却说："你猜得非常对。我就是因为太胖了，所以才不敢去海边游泳。因为我怕飞行员在天上看到我的时候，以为是发现了新的小岛呢！"

见女演员拿自己开玩笑，大家纷纷笑了起来，同时也感叹女演员的大气。

谁都有可能会遇到一些令自己尴尬的突发状况，这是考验我们应变能力的时候。这时，最好的应对方式就是像例子中的女演员一样，拿自己开玩笑，用自己的短处博大家一笑。同时，人们会觉得你很大度，不会再关注你的尴尬处境，然后一笑了之。

1. 拿自己开玩笑能缓解尴尬

当遭遇尴尬的情况时，我们拿自己开玩笑，别人的注意力就会被转移，从而忘记刚才的尴尬。如果我们只盯着尴尬的事情不放，那只会强化人们对那件事的印象。

2. 拿自己开玩笑能让自己更有亲和力

在遭遇尴尬的处境时，人们并不一定真想看你的窘境，只不过被这个事件吸引了目光而已。每个人都有遭遇尴尬情况的时候，所以人们可能并不真的在意尴尬本身，而是更在意你的反应。如果你表现得很生气，你的格局有点小。

如果你拿自己开玩笑，人们就会觉得你很有亲和力。

3. 拿自己开玩笑能让自己冷静下来

当遭遇尴尬的情况时，我们通常会紧张到不知如何应对，拿自己开个玩笑，就给了我们一个缓冲的时间，让自己能够冷静下来，从容应对眼前的状况。

第十八章

说话高手要不断
提升自己的素养

我们心中想的是什么，我们口中就会说出什么。因此，想要让自己在说话高手的路上走得更远，我们就要不断提升自己的素养，一直努力向上，永无止境地向上攀登。

说话高手

多读书，让你开口就显得与众不同

俗话说："腹有诗书气自华。"多读优秀的圣贤之书，我们的思想境界、格局和眼光就会变得与众不同。

郝先生平时很喜欢读书，特别是经典的著作，他都会买来读一读。他认为，普通的书中所讲的道理没有那么深入透彻，而经典的著作则蕴藏了很多常人意想不到的知识。正因为他经常读经典著作，所以他的想法也变得与众不同起来。

当电子计算机刚刚开始发展时，很多人并不看好它，因为刚问世的电子计算机实在是又大又笨重，完全不适合推广使用。但郝先生却告诉身边的朋友，将来一定是电子计算机的天下。别看现在的电子计算机又大又笨重，但这只是一个开始，以后怎么发展还不一定。果然如郝先生所料，电子计算机逐渐变得小巧起来，个人计算机更是风靡全世界，一个互联网时代悄然开启。

当电动汽车刚刚兴起时，不少人并不看好电动汽车的发展，郝先生又对身边的人说："虽然电动汽车刚开始发展得很艰难，但就像电子计算机那样，它以后也可能会风靡世界。"身边的人并不相信他的话，但随着时间的推移，他们发现电动汽车似乎越来越受欢迎了，这次又被郝先生说对了。

当有人问郝先生："为什么你的观点总是那么超前呢？"郝先生告诉他："因为我知道事物总是在不断发展的，我们不能只看一时，而要看得长远一些。这是我读书学到的道理。"那人恍然大悟道："原来读书这么有用啊！"

腹有诗书的人，一开口就和别人不同。他们不会跟着大众的观点走，他们有自己的思考，有深刻的见解，而不是人云亦云。

1. 多读书，多读好书

很多人只知道多读书，但他们不知道要读好书。如果随便拿一本书来读，和随便在野地里摘一个蘑菇来吃一样，是极度危险的，很容易中毒。世界上的书有很多，但好书不多。

经典的好书历经岁月的淘洗，蕴含先哲的人生哲理以及文学艺术，能让我们的思维变得更敏锐，见解更独到。

2. 读书明理之后，要记住真话不全说

读书并不是为了记住那些"死"的知识，而是为了明理。正如学历史不是为了记住哪一年发生了哪一件事，而是要明白那件事告诉我们一个怎样的道理。当你明白了道理之后，你会发现这个世界的真相是什么。

读书是为了明理，我们读书要先挑选好书，这样才能是让自己吸收营养，而不是中毒。多读好书之后，你的认知自然会比普通人高出很多，能看透很多事情。但你不能什么都说，有选择地说一些话，足以让你显得与众不同。

了解各行各业的新闻，让你的话题永远新鲜

没有人会有讲不完的故事和内容，但每天都有新鲜的新闻和报纸。所以，要想让自己永远有话题可讲，而且话题还要永远新鲜，有一个好办法就是每天看新闻。了解各行各业的新闻，你就有了源头活水，你的话题将会无穷无尽。

小齐每天都会浏览新闻，他看新闻的速度很快，基本上在饭后的间隙浏览上一会儿，就把那些热度比较高的新闻都看完了。他在和别人聊天的时候，就会经常聊到新闻中的内容。他在聊新闻内容时有一个特点，就是他不是只讲新闻中的事情，还会说出自己对这件事情的看法。他的看法总是有独到见解，和一般人的看法不太一样。如果这件事具有发展的属性，可能会有后续的发展，那么他还会对未来的发展进行预判。很多时候，小齐的预判都是对的。这也让大家对他刮目相看，因为这说明他所说的很有道理，否则不可能准确预判到事情的发展方向。

每个人工作都很忙，空闲的时间是有限的。有的人用空闲的时间看短视频、

打游戏。如果你想成为一个永远有新鲜话题的说话高手,应该学习例子中的小齐,用空闲的时间来多看一些新闻时事。

1. 多看新闻,你会有很多新鲜话题

新鲜话题不是凭空想象出来的,是从新闻中看到的。当一个新闻成为爆炸性新闻时,几乎所有人会知道,也会有很多人谈论。如果你不知道,你就无法去聊这个话题。很多新闻虽不是爆炸性新闻,但也可以成为谈资。

2. 在看新闻的时候,要认真思考,有自己的见解

有人说,所有的历史都是现代史。其实,所有的新闻都是刚过去的历史。看新闻和看历史一样,只记住故事是没用的,那你只是成了讲故事的人,没有深度。你需要认真思考,有自己的见解,才能成为一个深刻的人。

3. 对事件的发展做出预判

当你的思想正确,你是可以预判未来的。在和别人谈论新闻时,把你对新闻事件未来的预判说出来。如果你总是能说对,别人会认为你很厉害,也更愿意相信你。

了解各行各业的新闻,不但让你有无尽的谈资,而且也会拓宽你的知识面,让你对各行各业的发展有一个清晰的认知。当你的认知面足够宽时,你所看到的世界会更接近真实,你的思想也会更深刻。

多听优秀的人说话,你的口才将会变得更好

优秀的人说话是与众不同的,原因在于他们的思想很深刻,他们的话语幽默睿智。当然,这里所指的优秀的人,并不一定是名气很大的人,而是真正有深刻内涵同时说话又比较风趣的人。多听优秀的人说话,你的口才也会变得更好。

姜文是一位非常优秀的导演。他导演的电影《让子弹飞》深受网友们的喜爱,网友们经常将其中的一些台词作为"梗"来使用,让交流变得非常有趣。

姜文说话时总是很有趣,同时他说的话也总是包含不少道理,让

人回味无穷。在姜文导演的某部影片中，有这样一句台词："就是为了这点儿醋，我才包的这顿饺子！"一般人都是为了吃饺子准备一点醋，而他却要为吃醋包一顿饺子。这样的话看似有些不符合常理，却又显得非常生动有趣，令人印象深刻。或许只有像姜文这么优秀的导演，才能想到这么有趣的台词。

在一次访谈节目中，姜文被问到会不会担心观众理解不了他对电影细节的追求。他回答说："我是一个非常正能量、非常乐观的人，我觉得他今天不懂，但总有一天会懂的。等他懂的那一天回想起来，觉得老姜真对得起我。我对得起他小时候、他无知的时候，这就够了。"

姜文的很多话都很朴实、很有质感，虽然没有华丽的辞藻，听起来却很有趣，有趣中又包含了道理。这样的话语自然是有超强感染力的，优秀的人总是会用这样的话来使他们的表达更容易被人接受。

多听优秀的人说话，和多读好书一样，都能让你变得更优秀。而优秀的人，一开口就能引人深思。

1. 优秀的人是一本书，是我们可以认真阅读的

和好书一样，优秀的人也是一本书。有人认为，读一个优秀的人，就要看他的一生。确实，优秀的人能教我们很多东西，特别是他们深刻的思想。

2. 听优秀的人讲话，能够提升人的认知

优秀的人的思想是深刻的，他们看待事物的眼光是独到的，他们也会有非常好的见解，可能会给我们很多启发，同时也能提升我们的认知。

3. 听优秀的人讲话，能够打开我们的格局

普通人三句话离不开金钱和享乐，但优秀的人更关注的并非金钱，而是国家和民族。当我们经常听优秀的人讲话，我们的格局会打开，我们的眼光也会看得更长远。

听优秀的人讲话，能够得到的东西和看一本好书是一样的。但书中的内容往往是有限的，而优秀的人能给我们的往往会更多。如果你认为某个人很优秀，可以经常听一听他的讲话，查一查他的资料，你将从他身上学到更多。

用高情商提升眼力，说话会更有效

情商高的人眼力往往都非常好，他们会特别关注细节，包括周围的事情、他人的表情和动作等。在眼力好的同时，他们随机应变的能力一般也不差，所以能说出别人喜欢听的话，产生良好的沟通效果。我们应该不断培养自己的情商，用高情商来提升眼力，让说出来的话更有效。

三个人想要出家为僧，便在法师面前跪成一排。法师问第一个人："为什么要来当和尚？"第一个人回答："是我爸爸让我来的。"法师在他头上敲了一下，说："你爸爸让你来，你就来了？你难道没有自己的主见吗？以后后悔了怎么办？"法师问第二个人："为什么要来当和尚？"第二个人见状，赶紧改口说："是我自己要来的。"法师也在他头上敲了一下："你自己要来就来了，你父母同意吗？以后你父母问我要儿子该怎么办？"法师又问第三个人："为什么要来当和尚？"第三个人一看说什么都要挨打，干脆就不说了。他不说话，法师将他打得更厉害了："这么大的事情，你想都不想就来了是吧？"

学者将这个故事讲给学生们听，还问他们会怎么回答。有学生说："我是受到佛祖的感召，所以要来当和尚。"学者笑了，他知道学生是怎么想的，学生想的是把法师的"老板"搬出来，看法师还敢不敢打他。学者告诉学生，法师会打得更厉害，因为法师会想，自己修佛这么多年都没有受到佛祖的感召，你一个年轻人就受到感召了？简直胡说八道！

学生们反问学者，那应该怎么回答呢？学者说："我是受到法师的感召而来。这时，法师想打，就会下不去手。然后，你还可以继续说，我爸爸也愿意让我来，我自己也是这么想的，佛祖好像也有这个意思。这样一来，法师就更打不下去了。"然后，学者告诉大家，其实话怎么说都对，又怎么说都不对。只要你说的话对方能听进去，那你说的就对。

高情商的人说话，就是别人能听进去，就是他一说话就有效。例子中学者所说的话就是情商非常高的话。看到第一个人那样说要挨打，第二个人那样说还是要挨打，第三个人不说话也要挨打。那就要考虑，怎样说法师才能听得进去。这就是考验高情商的人随机应变的本事。这种本事不容易培养出来，但只要刻意去培养就有机会。

1. 人都喜欢听自己爱听的话

不少人喜欢被人拍马屁，因为这里面有不少他爱听的话。我们在说话时，也可以借鉴这一点，说一些他人爱听的话。当然，你要把握好度。当你把话说得既让人喜欢听，又不让人觉得你是在拍马屁，那你的说话水平就很高了。

2. 高情商的人的随机应变能力都很强

如果你只是眼力非常好，但随机应变能力不够，那你还算不得高情商。只有你能够看清一些事，同时也具备随机应变的能力，用合适的语言化解，就像例子中的学者那样，那你才算是真正的高情商。

我们都希望自己拥有很高的情商，但高情商无法一蹴而就。不过也不要灰心，我们在日常生活中随时观察周围的事物，提升自己的眼力，多想想如果是自己在面对那些情况时应该怎么说。这样慢慢积累，我们的情商和说话水平都会变得更高。

形成自己的风格，让你的话独具魅力

每个人都有自己独特的风格，说话也是如此。我们要学习说话，但无须去刻意模仿别人的风格。根据我们自己的喜好和说话风格，选择适合我们的风格就好。不管是什么样的风格，都是独属于我们的，我们的话就会很有标志性，也很有魅力。

周星驰是一位非常优秀的电影演员。他在演电影的时候，总是有自己独特的说话风格。人们将周星驰的那些喜剧电影风格称为"无厘头"的搞笑风格。其实，周星驰说话的风格也非常值得我们研究。

说话高手

周星驰的说话风格看起来很搞笑，但是当别人在电影中模仿他时，不但不好笑，还让人感觉很奇怪。这或许就是独属于周星驰的风格。也正是这种说话风格，让别人在模仿他的电影时很难模仿得像。

每个人都有自己独特的说话风格，这些风格无所谓好坏，只要适合自己就可以。说话喜欢嘻嘻哈哈的人，可以学习幽默风格；说话简练的人，可以学习简练风格；见解很深刻的人，可以学习深刻的风格。

1. 幽默的说话风格，让你的话趣味横生

有人说："幽默就像马车上的弹簧，没有它，一块小石子就能让你很颠簸。"可见没有幽默，会让人感觉枯燥、受不了。如果你说话幽默，那么你的话就会妙趣横生，人们可能很愿意听你讲话。但要记住，幽默是一种智慧，它不是嘲笑别人，也不是嘲笑自己，它包含着爱。

2. 简练的说话风格，让人轻松愉快

如果你说话很简练，那么你的话可能会让人轻松愉快。因为它没有冗长复杂的长篇大论，不会让人昏昏欲睡。你可以简明扼要地将事情讲述清楚，这说明你的概括能力很强。或许你一眼就能看穿事物的本质，然后用一两句话就能表述清楚了。

3. 深刻的说话风格，让人拥有深刻的思想

人可以没有知识，但绝不可以没有思想。拥有深刻的思想，是一件非常幸运的事。或许你会和周围的人格格不入，但你一定可以和圣贤对话。去学习圣贤书，去了解真正的思想，你会变得更加深刻。

不管你的说话风格如何，只要你喜欢，你就可以去发扬它。就像周星驰的说话风格一样，贴上你的独特标签，别人想模仿也模仿不了。如此的你，将是独一无二的，是能被人们记住的。